女孩指南
动感青春期50课

[英]玛拉瓦·易卜拉欣 文
[英]西内姆·埃尔卡什 图 钟煜 译

接纳自己，拥抱美好生活！

· · · · ·

  这是一本有型、有款、有色彩、生动风趣、积极向上并且能够解决问题的图书。如果你是一个青春期女孩，恭喜你得到了这本书。如果你是青春期女孩的父母，同样要恭喜你为自己的女儿找到这样一个及时而恰当的礼物。

  拿到书的样稿，我是一口气读完的。第二天，我把书推荐给了13岁的女儿。两个小时后，她从自己的房间出来对我说："这本书真好看！"接着，她进了卫生间。当她出来的时候，特意向我展示了一下她宽宽的肩膀，笑一笑说："我觉得我的肩膀这样也挺好看的。"不用猜，刚才在卫生间，她一定对着镜子再次端详了自己一段时间以来都表示不喜欢的肩膀，并且开始接纳了自己的样子。在合适的时间，一本合适的书，可以如此快地施展魔力！

  对很多女孩来说，青春期充满了尴尬、沮丧、烦躁、迷茫和不自信。荷尔蒙的变化导致身体出现快速变化，情绪的起伏有时如过山车般难以把控，对自我形象的关注和不满伴随着飘忽不定的自我意识。所有这些对一个十几岁的孩子来说意味着不小的压力，也时不时令亲子关系拉响警报。作为一个青春期女孩的妈妈，我对此有着深刻的体会。

  正如本书的作者所言，这是她从十岁开始就想写的书，因为那时的她面临着几乎所有女孩都会在不同程度上经历的变化和问题：乳房、青春痘、体味、阴道、月经、生长纹、泌尿和生殖道感染、发型和体貌、性关注、人际关系、性别意识……针对这些方面，作为一位有心的过来人，作者用活泼、有趣、仿佛跟闺蜜讲故事的方式提供了有用的信息和可行的建议，时而让你忍俊不禁，并意识到原来经历此番尴尬的不只是你。

我本人从事全面性教育的推广工作，因此在阅读本书的时候，除了知识性内容之外，我还特别关注了作者的理念和社会性别视角。令我欣喜的是，作者所传递的态度和价值观非常积极，没有性别的刻板印象。即便是在提供知识性建议的时候，也渗透着正面的价值观，让女孩学会接纳并掌控自己的身体，接纳和管理自己的情绪，摒弃成见、建立自信、尊重他人、拥抱生活。

越来越多的研究表明，青春期对人的一生至关重要，它意味着身体、心理和社会关系上的深层蜕变。青春期注定不是一帆风顺的平稳旅程，但是必要的科学知识，以及良好的态度和技能，将帮助你不至于失去方向，并冲破层层迷雾，进入更加成熟的下一个人生阶段。

我相信，本书所提供的真实可靠的信息和感同身受的建议，将会让很多青春期的女孩感到自己的需求得到了恰到好处的关注和回应。这样的关注和回应，是我们成年人所能给予青春期孩子的最好的礼物。

李红艳
2018年12月18日

李红艳，联合国教科文组织驻华代表处项目官员，主管学校健康教育项目，包括全面性教育、校园欺凌预防教育等相关工作。

女孩们，愿你们奔向自己想要的方向!

· · · · ·

　　一半出于好奇，另一半是被这本书的"颜值"吸引，我接下了这本书的翻译，走进了玛拉瓦的世界。

　　有时候，她就是一位同龄的朋友，比任何人都能理解一个女孩刚刚迈进青春期的心情。她有罕见的坦然，娓娓道来自己在卫生间的尴尬经历，对隔壁男孩的暗恋，还有卫生棉条的使用经验。她写下的一切感受、思考、方法，都是从自己在青春期的真实经验出发。所以，没有高高在上的评价，没有空洞的加油打气，她放进这本书的，是一个先行者对青春期女孩的温柔照拂，是"我也曾经在那里，所以我懂得你"的心心相印。玛拉瓦的身上，有我十分欣赏的女性特质：视野开阔，有独立见解，积极勇敢。这也是我十分希望我的女儿，以及她的朋友们能够逐渐拥有的特质。

　　最后让我念念不忘的，是西内姆为这本书带来的令人惊奇的、充满现代气息的视觉设计。这些创作流露出的美好和风趣与玛拉瓦的文字相呼应，通过图像传递给女孩们的，是对自己身体的自信与自在，是接纳变化、拥抱成长的勇气。

　　真心喜爱这些女孩，她们以自己想要的方式努力生活。也把这本书推荐给青春期和即将迎来青春期的女孩们，愿你们以坚定的步履，自由地奔向自己想要的方向！

钟煜

2018年12月23日

　　钟煜，"游戏力工作室"主编，资深育儿媒体人。翻译出版《养育女儿》等育儿书籍，出版个人育儿随笔《陪着陪着就长大了》。

这份"礼物"属于_____

女孩指南
动感青春期 50课
学会 ♥ 自己

阅读本书的建议:
从前往后看,从后往前看,或者直接进入你感兴趣的章节,想怎么看就怎么看……记得,有需要时就读一读哦!

1 — P10
被众人所瞩目

2 — P14
乳房、胸部、咪咪

3 — P20
痘痘和点点

4 — P24
牙套

5 — P28
女孩也出汗

6 — P34
你不孤独

7 — P38
见证健美

8 — P42
"噔噔噔"，脚丫疼

9 — P44
尴尬排行榜 1
"嘘嘘"问题

10 — P50
关于阴道

11 — P58
那白色的东西是什么

12 — P60
有关头发

13 — P64
这儿，那儿，
到处都是毛

14 — P68
想吃就吃

15 — P72
心碎

16 — P74
跳舞吧

17 — P78
月经的秘密

18 — P82
我的第一次月经

19 — P86
掌控你的月经

20 — P90
卫生和健康

21 — P94
搞定卫生棉条

22 — P98
月亮杯

23 — P102
尴尬排行榜 2
泄漏事故

24 — P108
上一代人

25 — P114
虚拟的美丽

26 — P118
滋养你的大脑

27 — P122
要是

28 — P130
生长纹

29 — P134
毛发走开

30 — P140
"脂肪"这个词,我喜欢

31 — P144
请记住

32 — P146
摩擦,摩擦

33 — P148
屁股

34 — P152
躁动的感觉

35 — P158
满月、荷尔蒙和情绪的潮汐

36 — P162
不要依赖止疼药

37 — P164
拉——拉——拉伸

38 — P170
冥想

39 — P176
睡眠

40 — P180
合理的饮食

41 — P182
女孩支持女孩

42 — P186
感觉怪怪的

43 — P188
尴尬排行榜 3
"便便"问题

44 — P192
女孩和男孩

45 — P194
时尚vs风格

46 — P198
念珠菌性阴道炎

47 — P202
小便灼痛

48 — P204
控制自己

49 — P208
最后的小建议

50 — P212
无论发生什么事，
请记得

嗨，我是玛拉瓦！

这是10岁的我。

这是现在的我。

你好！希望你喜欢这本书。此时，也许你正舒舒服服地窝在沙发里，捧着一杯热巧克力；也许你正坐在回家的公共汽车上……不管你在哪里读到这本书，希望你会觉得它很有趣。

写这本书，是我10岁时就立下的雄心壮志。因为从那时起，我的身体开始发生各种各样稀奇古怪的变化。这些变化让我心中充满了疑问，却得不到满意的答案。

20年后，我觉得自己已经想明白了其中一些问题。我想把它们总结出来，与你分享。这本书读起来很轻松，里面还讲了很多我的尴尬故事。

我是在澳大利亚的墨尔本度过青春期的。小时候，妈妈鼓励我参与了很多我热爱的运动，最终促使我获得了马戏艺术专业学位。毕业之后，我在世界各地巡回演出。现在，我组建了一个呼啦圈表演团——"呼啦圈女子天团"，表演团里有许多与你年龄相仿的女孩。

不过，别误以为我的生活一帆风顺。我也经历过在不方便的时候来月经的尴尬，有时也要对付内裤上难以洗干净的污渍。有时候，当你遇到一些非常别扭的、难以启齿的、感觉非常尴尬的事时，你会认为自己是全世界唯一遇到这种事的人。但是我要告诉你，每个女孩都有过类似的经历。尽管如此，我依然确信，做一个女孩是最棒的！我们的身体非常了不起，可以做很多伟大的事。我们身处的时代对女性来说也是一个了不起的时代——你只要稍微做点调查研究，就能了解到，历史上曾经有过对女性非常不友好的时代。但是现在不同了，21世纪的新女性，能够打破各种成见。你可以做任何想做的事：登上月球！开一家生产有机牙刷的公司！根据自己的意愿生孩子……虽然荷尔蒙有时候还是挺恼人的，但你总能找到解决的办法，让生活欢乐如常。

知识就是力量。你需要了解自己的身体是如何运转的，才能让它为你所用。

加油，女孩们！

爱你们的玛拉瓦

1
被众人所瞩目

当你看起来已经是一位少女时，大家可能就会像对待成熟女性那样对待你。男孩或其他男性看你的眼光会和从前有些不同，这有时会让你感觉不错，有时会令你觉得别扭（参见第186页《感觉怪怪的》一章）。所有人，包括你的妈妈、朋友、商场里的店员小姐，可能都会用不一样的腔调跟你说话。这会让你觉得不舒服，尤其是当他们谈论起你的身体——你正在努力适应的新的身体。你不愿意别人说你的乳房开始发育了，或者说你长胖了。记得有一次，一个朋友和她妈妈一起来我家，她妈妈当着所有人的面大声说我"天哪，你怎么长得这么胖"，还说我"看起来圆乎乎的"。我的朋友比我更尴尬，当时我想：我又不是故意的，是我的身体要长成这样的。

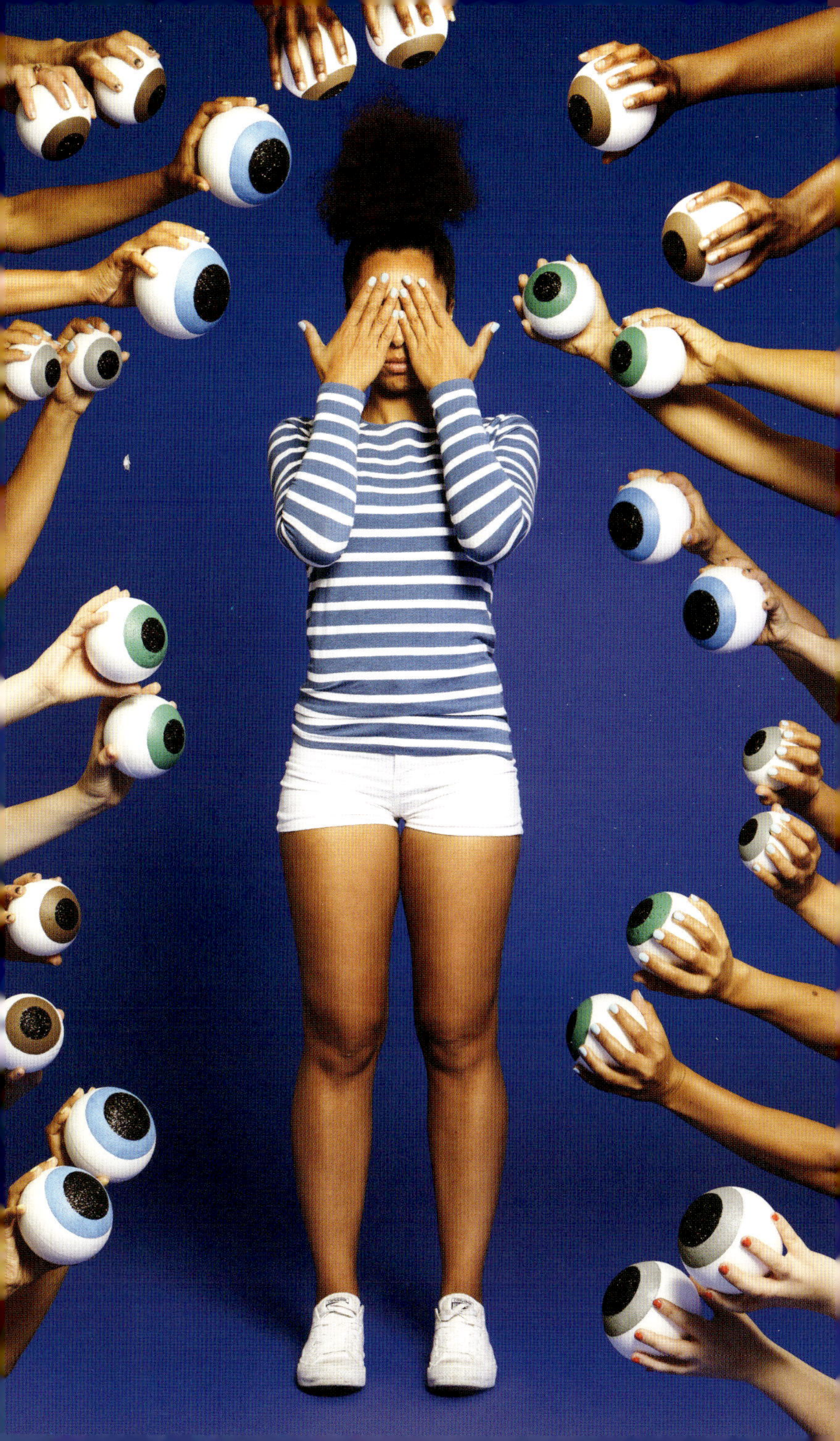

原本合适的衣服突然变紧了，或者变短了。有时我觉得这样很有趣，很高兴自己变得更高，更强壮了；但有时我不想要这些变化，甚至希望自己永远不会改变。

你会不会有一种很奇怪的感觉，觉得贴在自己身上的"隐形小孩"标签正在消失？我有弟弟妹妹，但我总想往大人堆里凑，不愿意跟小孩们一起玩。慢慢地，情况开始改变，我不再被看作是孩子（我从"那些小孩们在外面""小孩们在看电视"中被排除掉了），大人们突然开始征询我的意见，愿意了解我对事物的看法。从某种程度上来说，这种感觉很棒，让我觉得自己成熟了；但同时我也常常感到困惑，不知道如何恰当地表达自己的看法，我突然有些怯场。我真希望自己能对每个问题都给出正确的，甚至是机智的答案。我经常会有不舒服的感觉，好像自己站在聚光灯下，或者参与了一场自己并不完全理解的对话。

　　所以，你可能也会像我一样觉得非常沮丧、烦躁不安。有时你不想让大家总把你当孩子看，但是当周围的人开始把你当成年人看待时，你又觉得他们让你承担了过多的责任，感觉不公平。我的建议是：别太着急加入成年人的队伍，你可以按自己的节奏慢慢来。能够在成人的领地与孩子的国度之间游荡一阵子，也很不错哦！☺

2

乳房、胸部、咪咪

乳房很棒！只要你习惯了它们的存在……

有些人的乳房是逐渐发育长大的，也有些人的好像一夜之间就变大了。无论是大是小，乳房都将伴你一生。所以，请接受并照顾好它们吧。

我的一个朋友在乳房发育时感到既燥热，又痒痒，特别不舒服。她很害怕别人会撞到她的胸部，所以总是双手交叉抱在胸前。我感觉我的乳房就像气球一样，前一分钟还是扁扁平平的，后一分钟就吹气似的胀大了！我喜欢我的乳房。可是，突然之间，所有我喜欢的那些活动，比如跑跑跳跳，都变得有些别扭。我讨厌这种感觉！我多么希望可以自由自在地高高跃起，再轻轻松松地落回地面，而不会感觉到总有额外的重量把我往下拽。

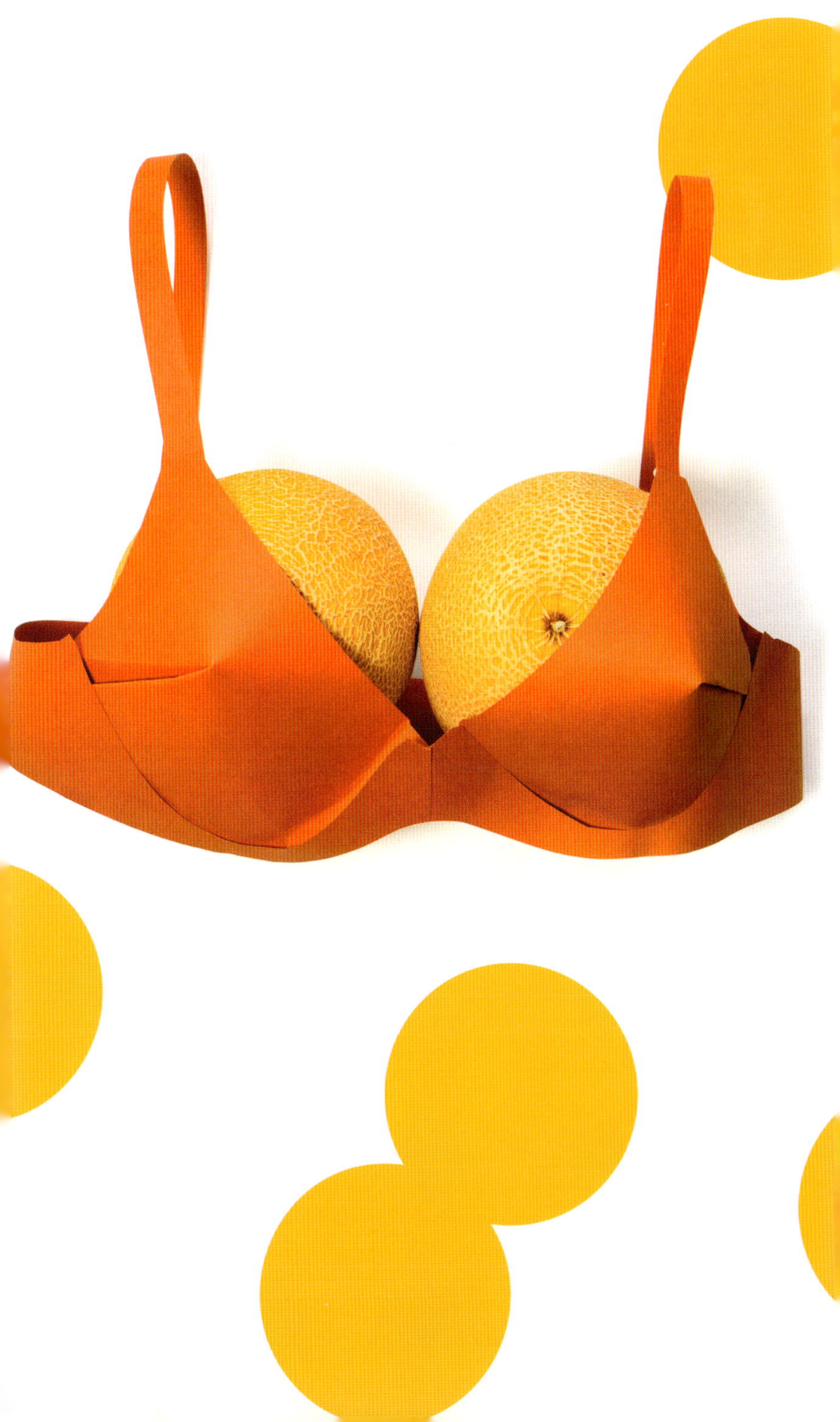

妈妈给我买的运动文胸是我见过最难看的文胸，我非常不喜欢。但它很有用，让我能够随心所欲地奔跑，所以我还

我的第一件丑丑的
运动文胸

是穿上了。不过，我在它外面又套了件更好看但支撑力欠佳的运动文胸，然后默默期待没人会留意那傻乎乎的肩带，以及核弹头一般的罩杯。

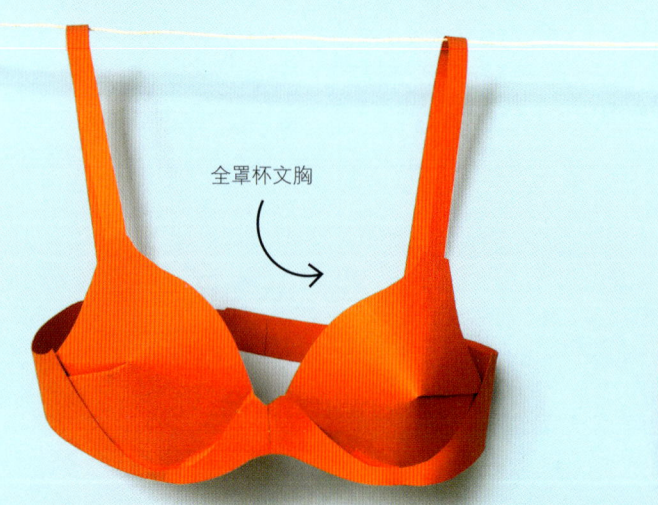

全罩杯文胸

现在，我会在不同的场合穿不同的文胸。

你的乳房还在发育，所以最好选择无钢托，也没有太多装饰的文胸（这是最舒服的选择）。

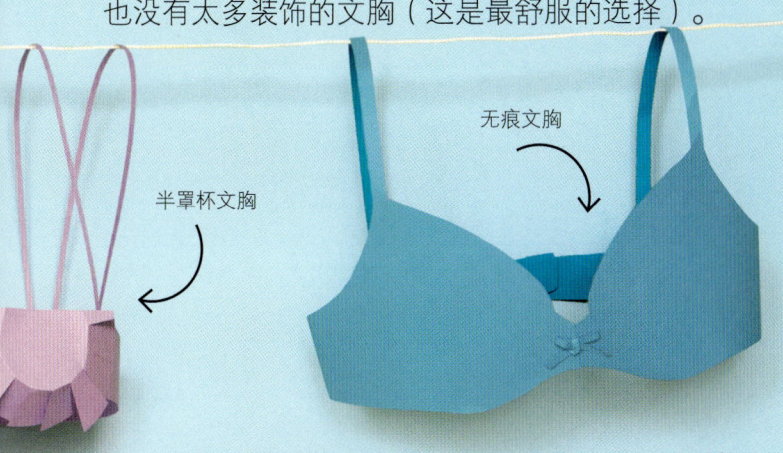

无痕文胸

半罩杯文胸

每个人的乳房形状也不同，因此需要不同的文胸。买之前最好多试试，而且，你需要的文胸尺码也常常会变化。

抹胸式文胸

运动文胸

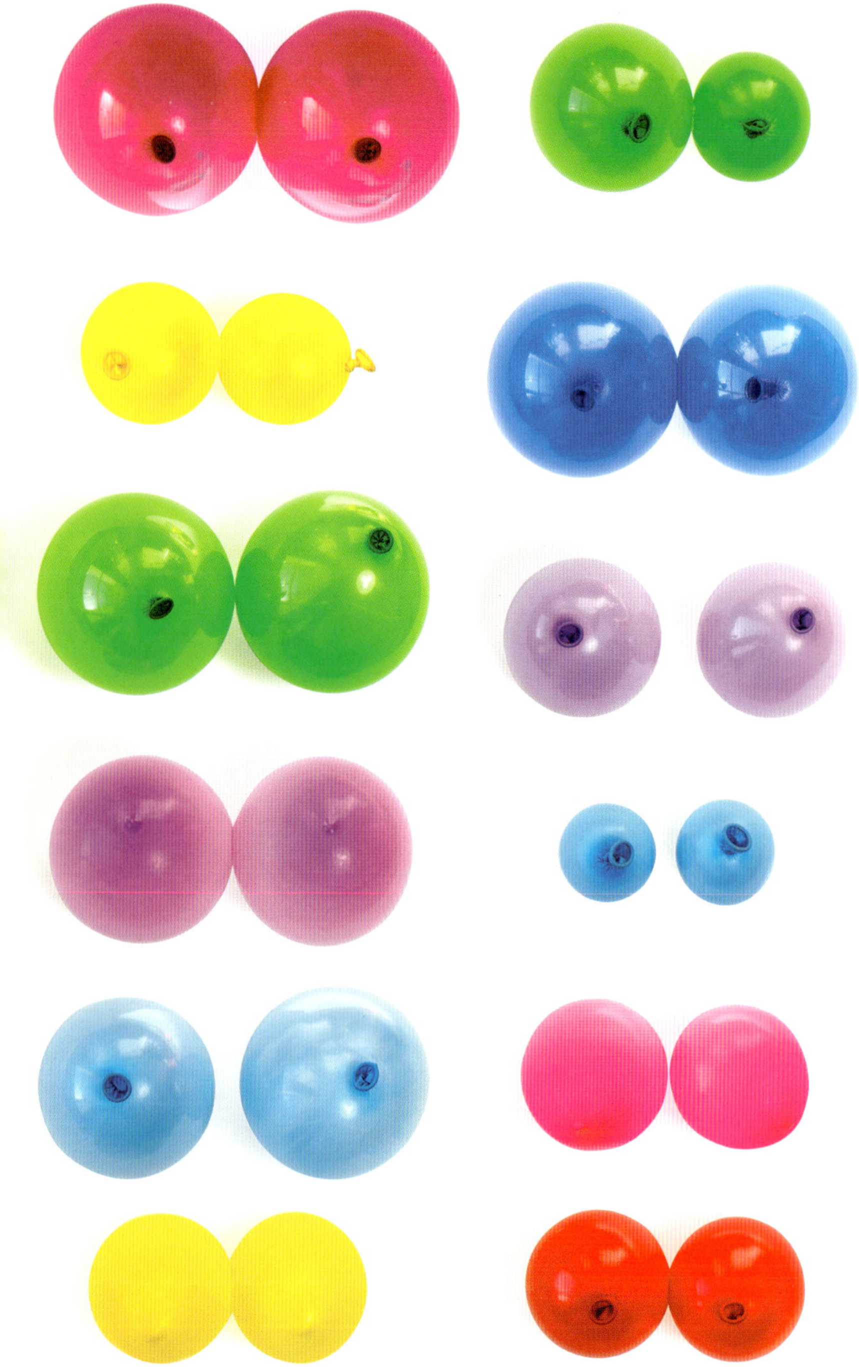

中学的时候，我一个朋友的文胸肩带总是滑下来，而她完全没有意识到应该把肩带调整得紧一些。穿文胸时一定要把肩带调整到最合适的状态，这一点很重要。你可以请文胸销售员帮忙，她们在工作中见过各种不同的胸部，也许会比你更了解你的乳房。文胸的尺码不能随意猜测，否则只会让你感到各种不舒服：肩带太紧，扣子划到皮肤，蕾丝花边刺得你痒痒的，啊啊啊……我的乳房尺寸每年都不一样，所以需要定期去试戴并更换文胸。正在发育的女孩更是要如此。

还有，下面这些情况都是完全正常的：

一边乳房比另一边大。

乳房上长有生长纹。

乳头大且突出。

乳头非常小，只在你感觉冷时它才会立起来。

能看到蓝色的静脉。

乳房上长有毛发、斑点或者痣。

左右乳房的朝向不同。

呃……还可能有其他奇奇怪怪的状况。如果你有任何疑惑，都可以去咨询医生。

3

痘痘和点点

体内激素的改变很可能会让你长痘痘！我十几岁的时候还好，几乎没怎么长过痘痘，但是最近，我的皮肤开始痘痘大爆发！痘痘可能长在你的脸上、胸口、后背，甚至屁股上。千万别碰它们！否则只会让情况变得更糟糕。最好的做法是让长痘痘的地方保持清爽不油腻。可以试着用温和的洗面奶或沐浴乳（不要用肥皂）洗掉油脂、汗水和污垢。晚上，我会在长痘痘的地方涂一点黏土面膜，使痘痘干瘪，白天再涂一点金缕梅软膏（这种软膏有抗菌作用）。

如果你的痘痘很痛，或者很难愈合，那它有可能就是粉刺。长粉刺会很难受，但也不是无法治疗，这时就要向医生求助了。

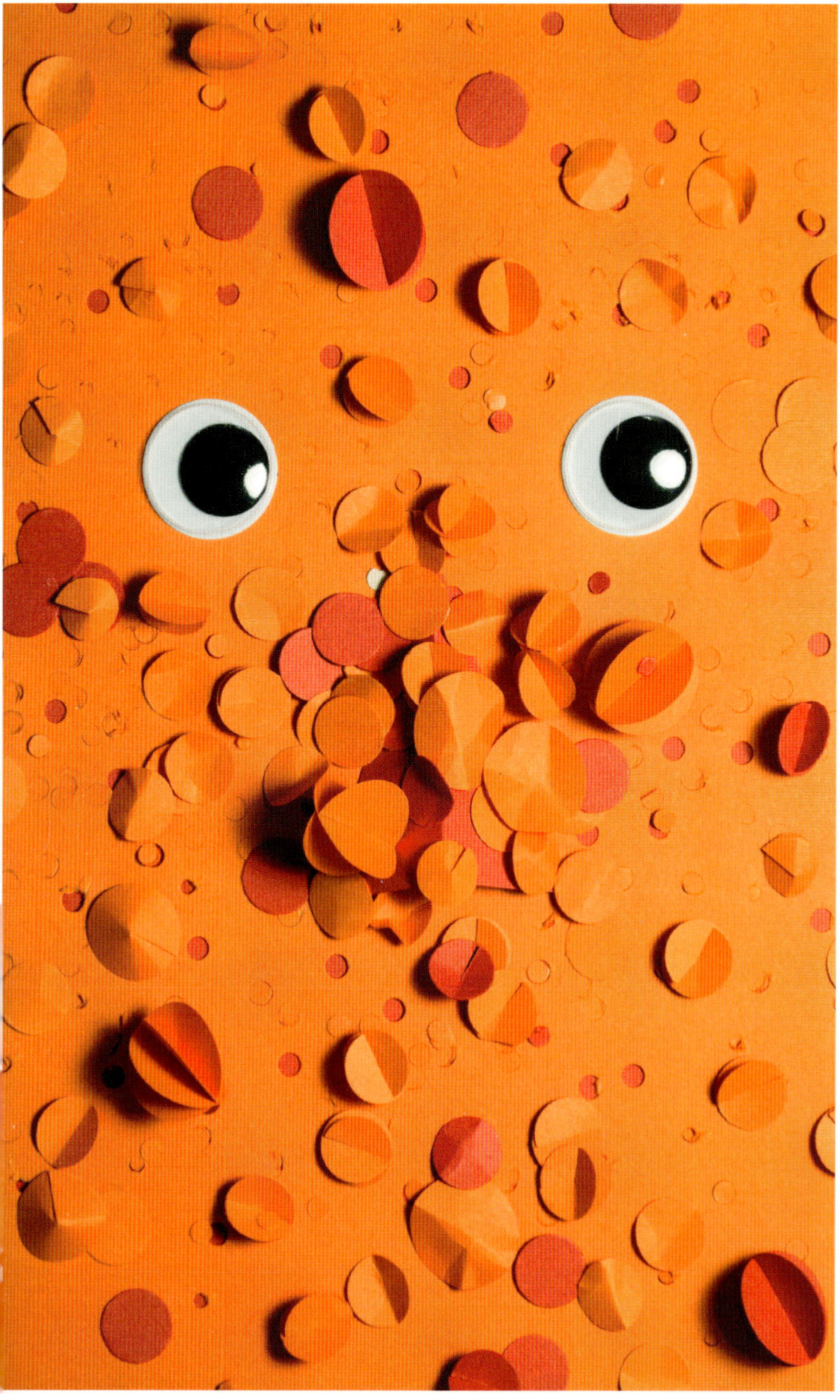

别慌！你也许会感到绝望，但别因为这些痘痘就天天垂头丧气。深呼吸，提醒自己这是暂时的。

痘痘很痛！你可以用冰块或者柔软的冷毛巾敷一敷。如果痘痘破了，涂一点抗菌的药物以防感染。

保持清洁！如果你已经长了痘痘，每天清洁皮肤两次。请务必记住，不要使用有刺激性的肥皂。

多喝水！水对身体的好处非常多。水能帮助身体排毒，也对你的皮肤很好。再喝一大杯吧！

减少糖分的摄入！少喝饮料，少吃甜食。这对你的健康有好处，也能有效改善你的皮肤状况。

别挤！我知道这有多难，但是挤破痘痘只会让情况更严重。让它们保持干爽，尽量别去碰。

往后站站！痘痘看起来总是比实际大得多。离镜子远一点，然后再看，痘痘小多了，对不对？

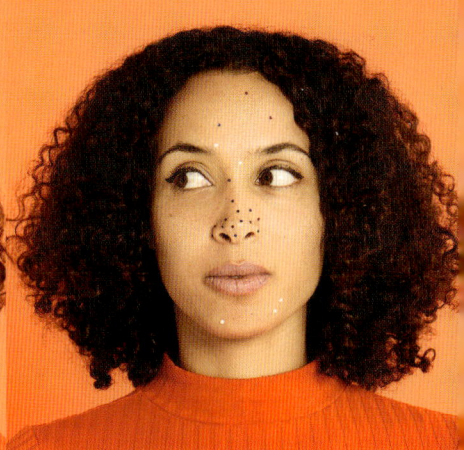

出现黑头是因为你皮肤上用于呼吸的毛孔被污垢堵住了。照顾好你的皮肤是预防黑头最好的办法。

4

牙套

我戴过牙套。即使你没戴过，应该也会认识一两个戴牙套的人。记得那时我一点也不想戴牙套。因为我确信，当我跟别人接吻时，我们肯定会被牙套卡住，然后不得不去医院；在医院会被人拍下照片，第二天照片还会被登在报纸上，配着大标题：全世界最傻的人。不过，这都是我想象的，那时候我还没有跟任何人接过吻。

戴牙套会很不舒服。你想想，把牙齿重新整理排列可不是小动作。不过，能戴牙套也是件幸运的事。排列整齐的牙齿令人羡慕，它们将陪伴你一辈子。你也许会觉得戴牙套的日子永远没有尽头，但熬过那段时间再回头看，那只是人生的一个片段而已。所以，现在每当我啃苹果时，我都会觉得很开心，因为我不用为了剔牙而烦恼。

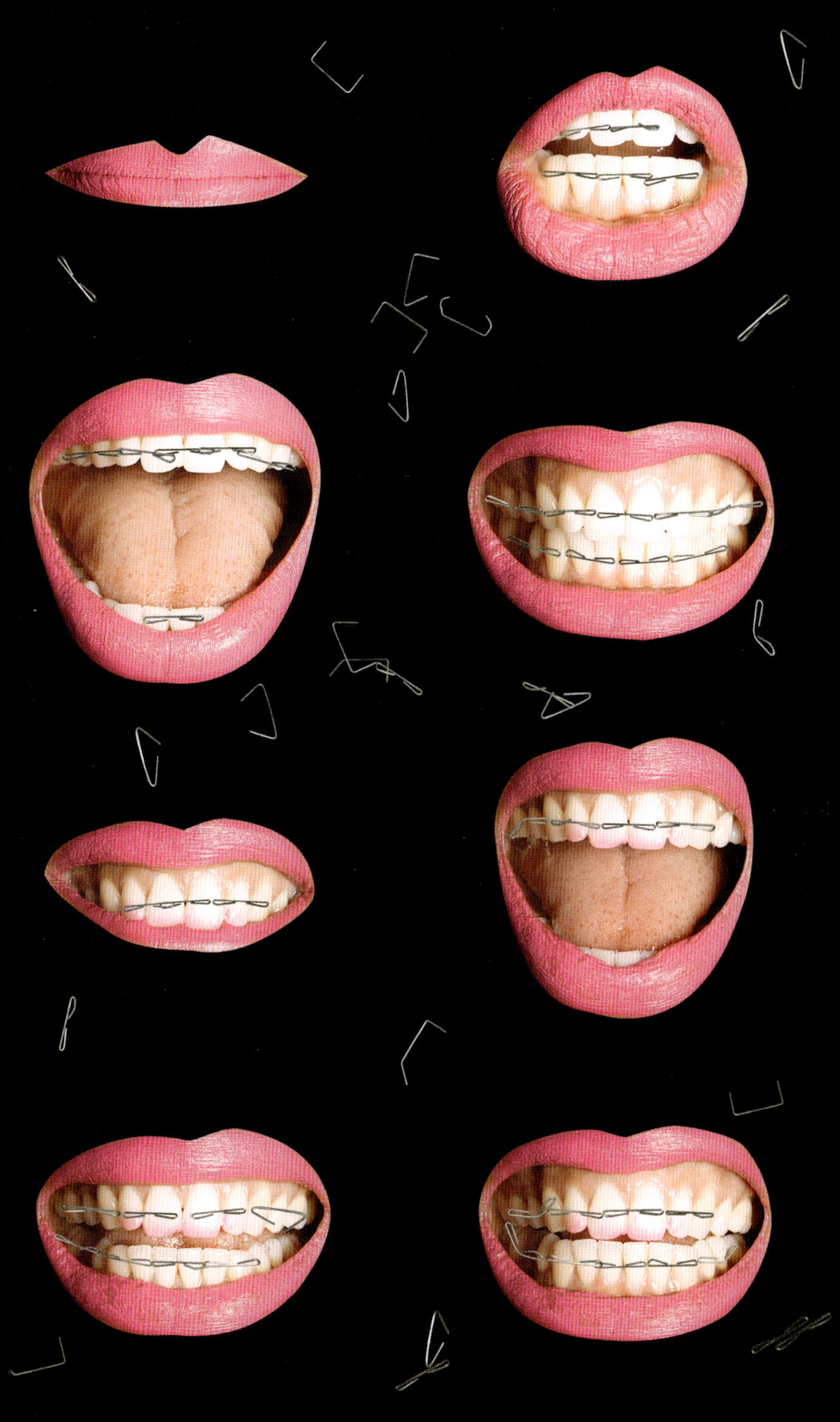

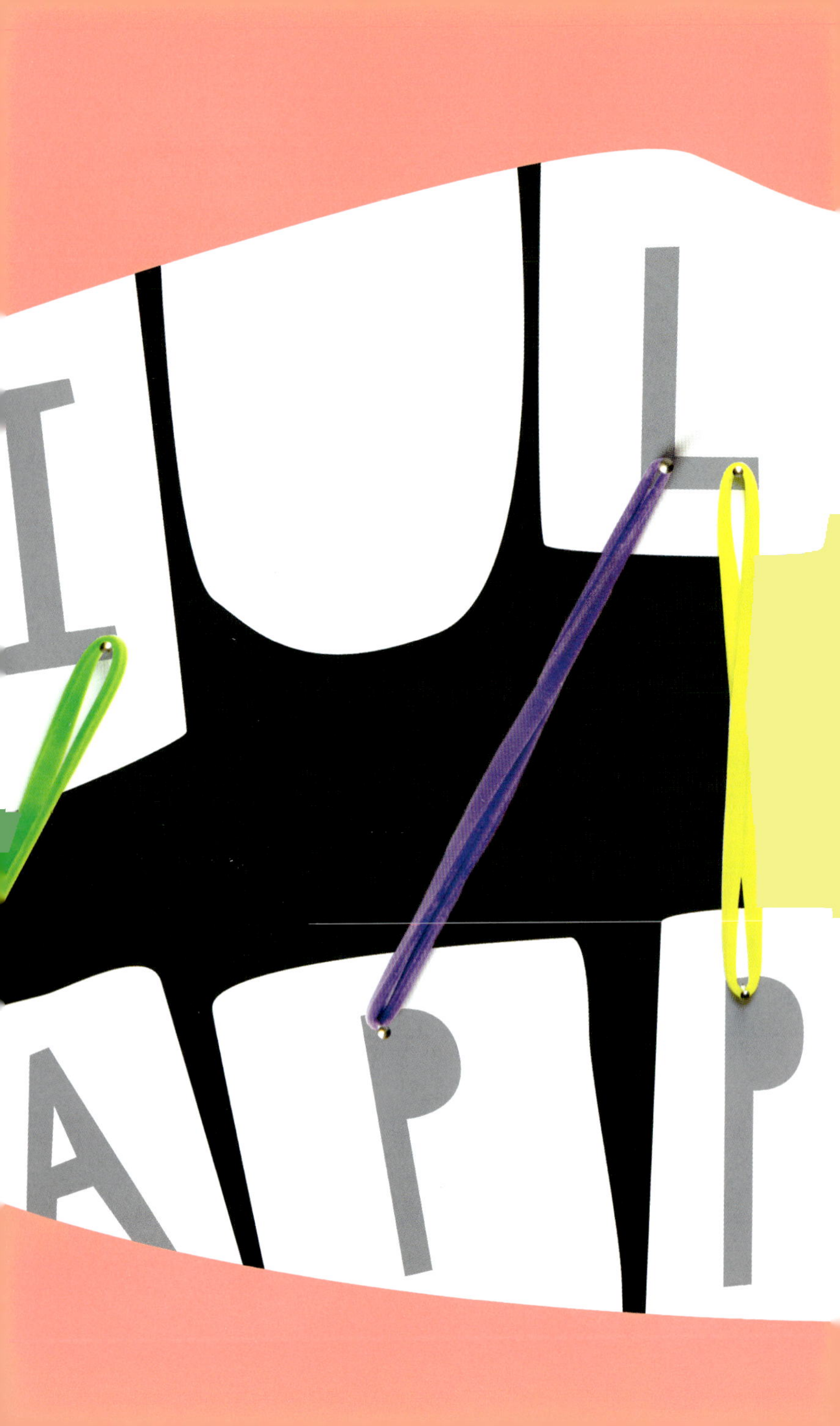
I L
A P P

牙套上的单词组合后意为"我爱苹果"。

5

女孩也出汗

　　重要知识点：无论男女老幼，每个人都会出汗，谁都无法避免。锻炼、太热、太兴奋或者生气时，身体就会出汗，以此来控制体温、保持凉爽。麻烦的是，有时候出汗会让人有体味，而我们总会想方设法掩盖这种味道。我曾经找妈妈要过止汗剂——我可不想让火车上所有的人都闻到我身上的汗味。但我并不知道，自己身上自然的体味，只要是新鲜的，即使很强烈也不会令人反感。我那时候只希望自己像一瓶行走的空气清新剂，不管走到哪里都散发着玫瑰一样的芳香。所以我用了止汗剂，这都源于我当初并不了解有关止汗剂的这些事……

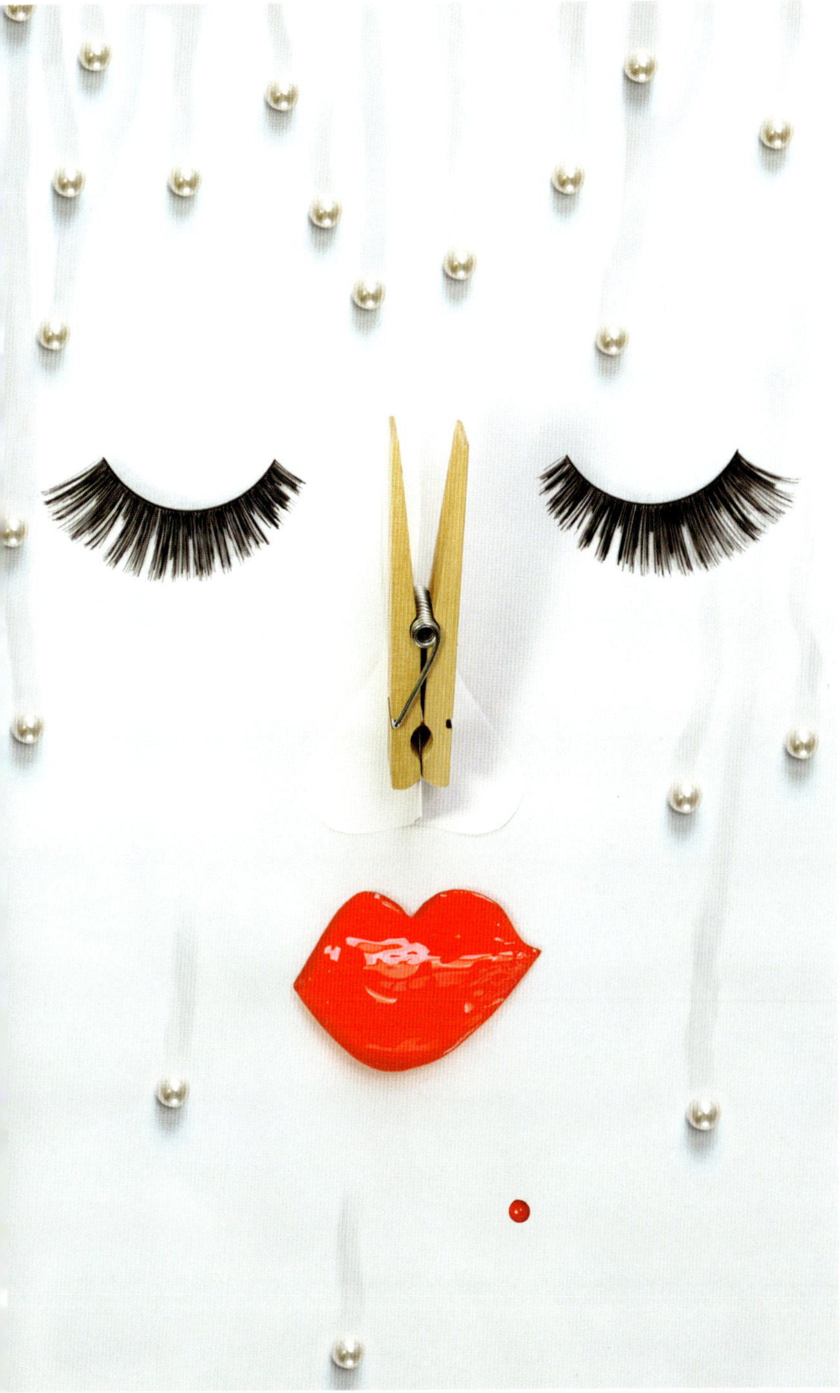

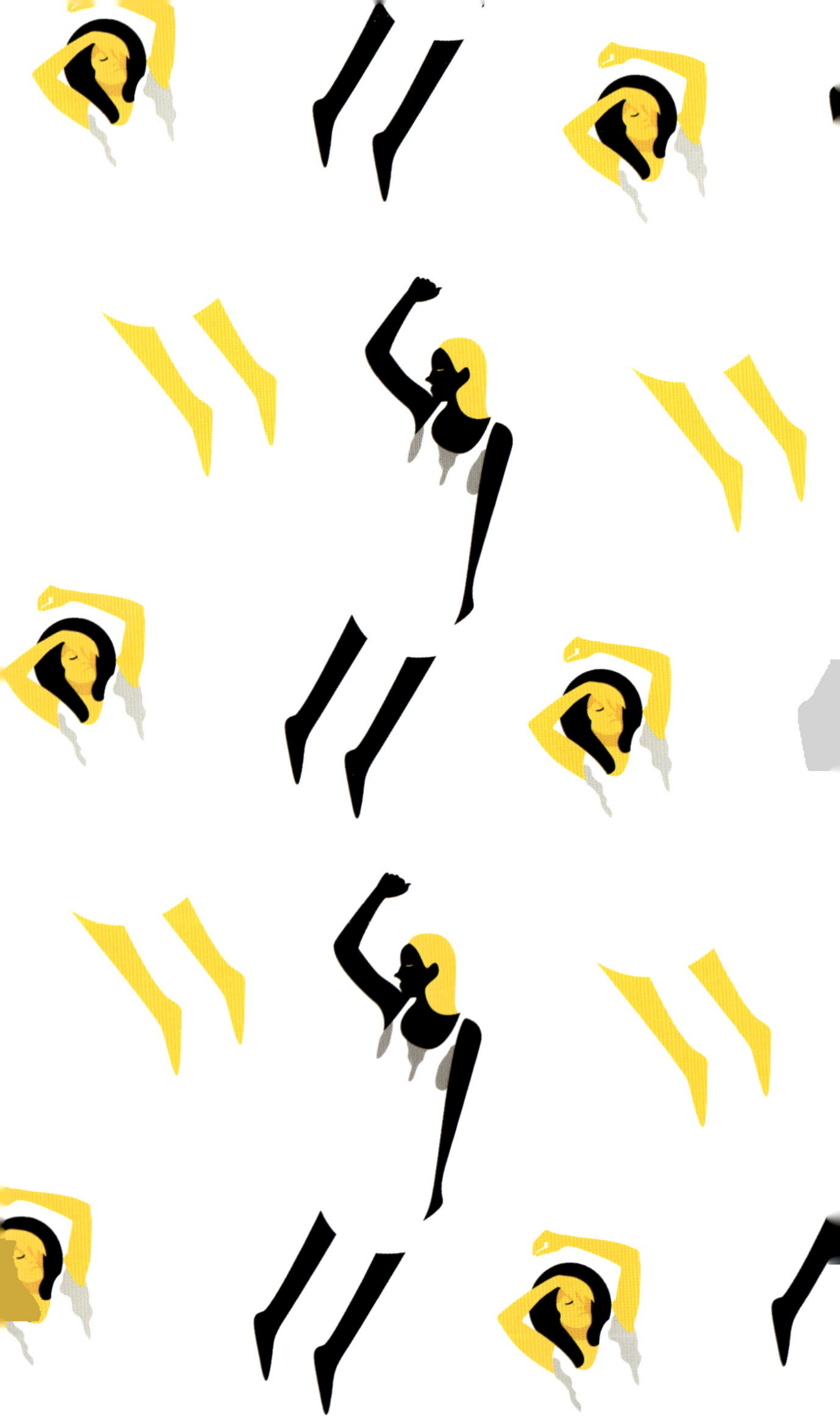

几乎所有的止汗剂都含铝,你可以在产品成分表上找到它。铝的作用是阻止汗液产生。

含铝止汗剂的两面性

优点

止汗剂可以让你的腋下保持干爽,而且还可以掩盖你不喜欢的汗味。

缺点

出汗是降低体温的一种生理方式。医生不建议在全身都涂抹含铝的止汗剂。你可以使用不含铝的、成分天然的止汗剂,但是止汗和掩盖汗味的效果就没那么好了。

这真是有点难以抉择呢。没关系,还有别的办法……

正如前面所说，新鲜的汗味不会太难闻，有时我还挺喜欢这味道的。保持体味新鲜的小诀窍是：

淋浴

对！就是这么简单。但重点是你要每天淋浴，一定要用香皂或沐浴液仔细清洗身体，别忘了清洁腋窝哦。

天然止汗剂

还没出汗时，在干净的皮肤上涂抹天然止汗剂。之后如果有必要，可以再补涂一些。我通常会在运动时补涂一些。不过，你可以根据自己的情况来决定。有人喜欢自己的汗味，你也可以试着深呼吸一下。

衣服的材质

这点非常重要。天然纤维，比如棉、羊毛，能让你的皮肤自由呼吸；而有些人工合成的材质却不能，比如聚酯纤维和丙烯酸纤维，它们就像塑料袋一样，让热气无法散发。衣服的材质对排汗的影响很大，所以，买衣服时别忘了看商标上的材质说明哦。

6

你不孤独

尽管有时候你真的真的感觉到孤独。

我有过两种不同的"孤独"感受。一种是当所有人都去参加聚会而爸爸却不让我去的时候，这在我上初中时经常发生。我气得要命，感觉整个世界都抛弃了我，没人知道也根本没人在乎我的存在。我被独自留在家中，无聊地呆坐在自己的房间里……唉，这种感觉糟透了。

另一种"孤独"似乎没有来由：突然之间，我就觉得什么事都没意思，觉得世界太大，自己好像迷失在漫无边际的宇宙之中。在内心深处，我知道我有朋友，也有人爱我。但我就是会在某个瞬间感到孤独，好像没人了解我，没人明白我的感受，也没人真正在乎我一样。每当这时，我会想办法摆脱这种心态。我会尝试说服自己，给

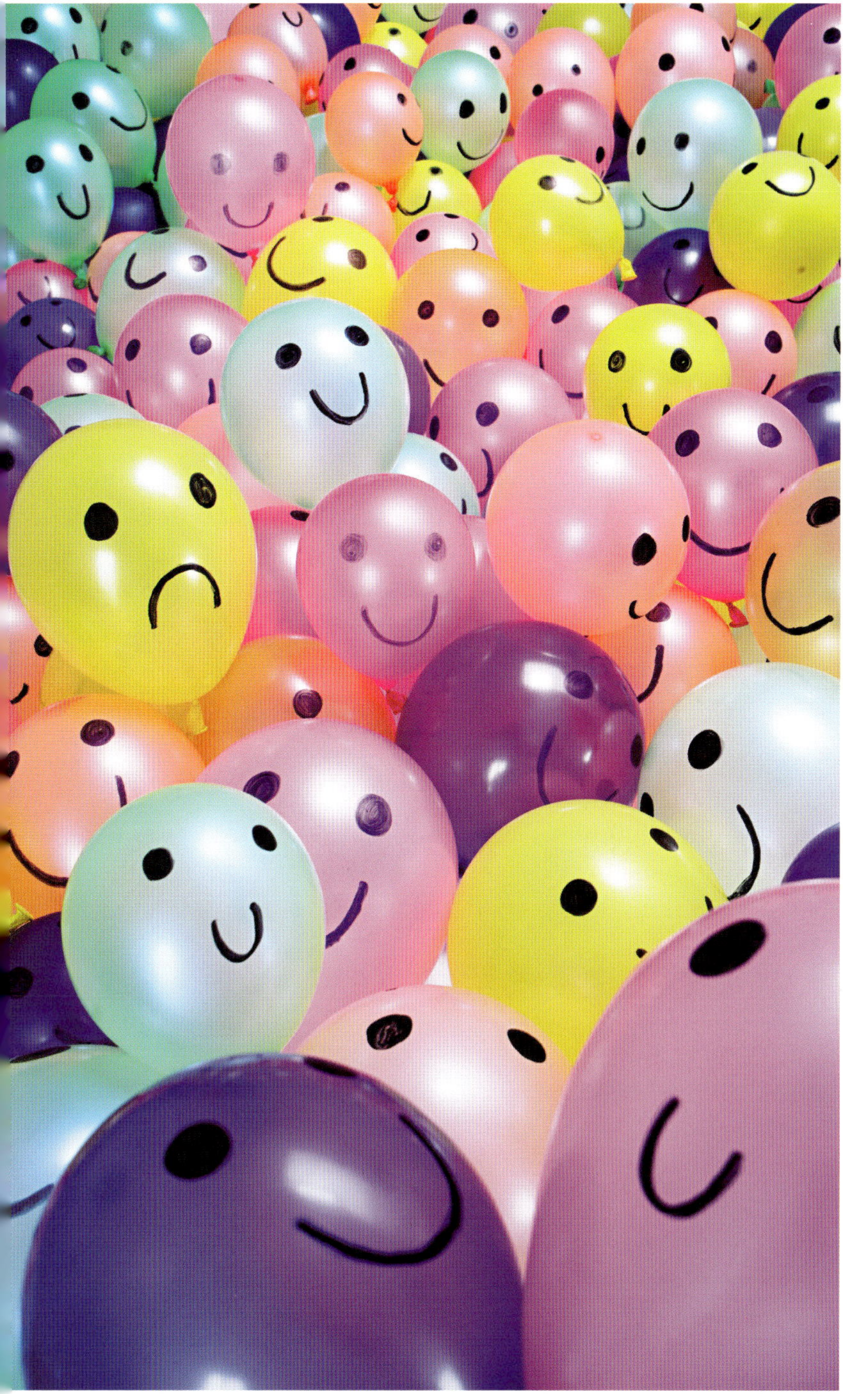

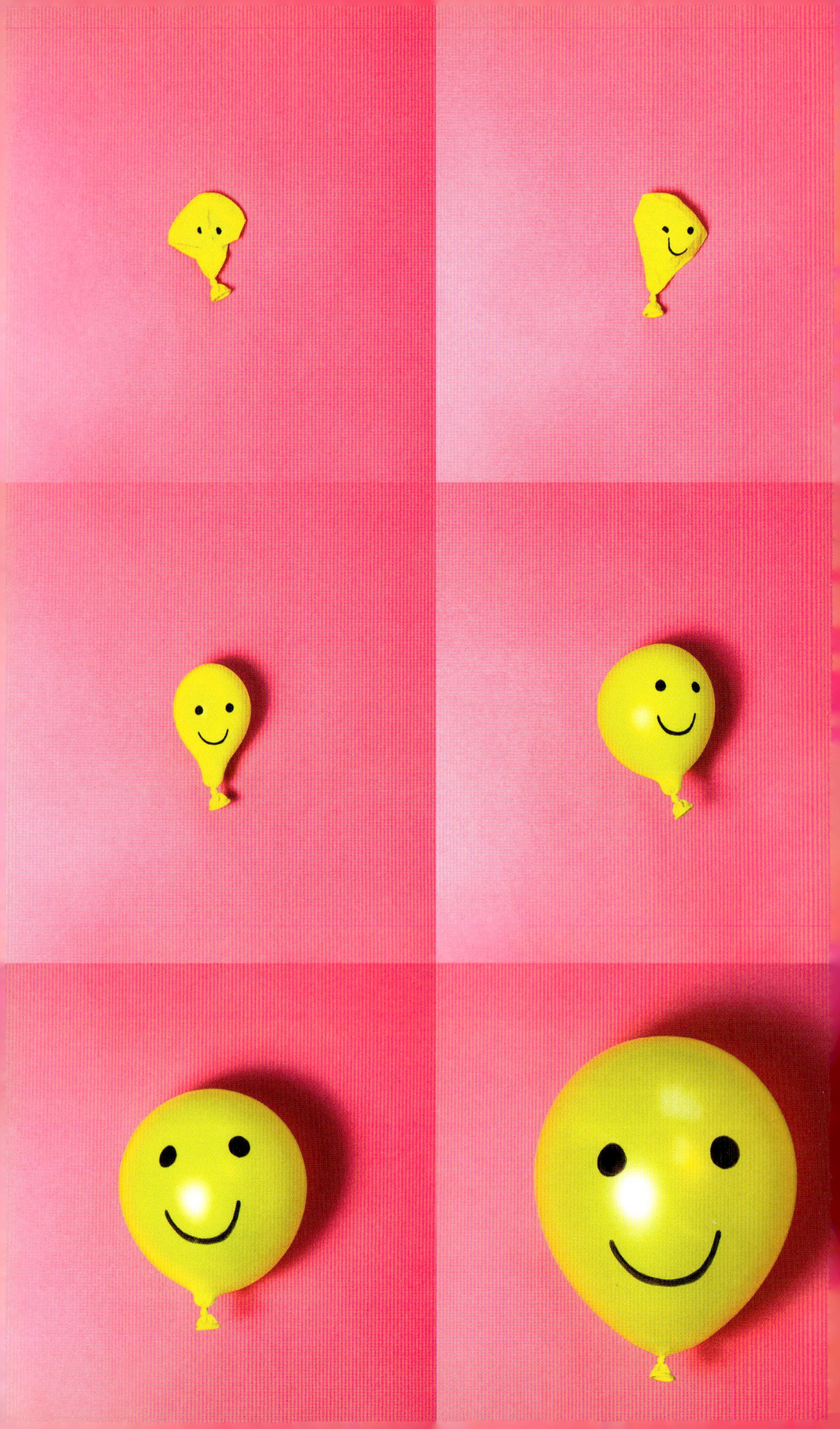

朋友打打电话，或者写日记。有时候只要让心中那些感受有地方倾诉，一切就都会恢复正常。

我上初中的时候，还有过很多复杂的感受，比如尴尬。跟人打招呼这种事都会让我觉得不知所措。到底应该跟人说"你好"，还是"嗨"，或者"嘿"，或者问一问"今天怎么样啊"；是应该抱一抱，还是击个掌，或者只是招招手就可以？结果呢，我往往只是支支吾吾地发出一些奇怪的声音，让自己显得一点也不酷。尴尬的感觉非常糟糕，尤其是在公共场合。虽然我现在已经想不起来当时到底是因什么事而尴尬（肯定是无关紧要的小事），但是我依然记得自己难受了好几天，总是反复回想那个尴尬的瞬间。

如果我当时没有给自己那么大压力，就能够放松一些了。不过，也许每个人都会经历这个过程吧。现在，我常常还会有尴尬和不知所措的时候，但我不会再为此而烦恼。我告诉自己，我只是缺少经验，还需要多一些练习而已。

7
见证健美

　　运动是健康生活方式中必不可少的内容。但说服自己动起来，比运动本身还要困难。挑战自我是一项艰巨的任务。以前，当我发现自己开始长胖的时候，我就一直念叨着要去锻炼，却从没有真正采取过行动。我总能为不运动找到借口。还有一个原因是我总希望自己事事做到完美，或者至少能够擅长。因此，一项新的运动，或者任何有难度、可能导致我被嘲笑的活动，都会让我想要逃避。

　　但是，如果想要照顾好身体，你就得让自己心跳加速，大汗淋漓。运动不仅对健康有好处，而且会立刻让你的身体产生一种称作内啡肽的物质，这种物质可以让人感到愉悦。所以，一定要运动。

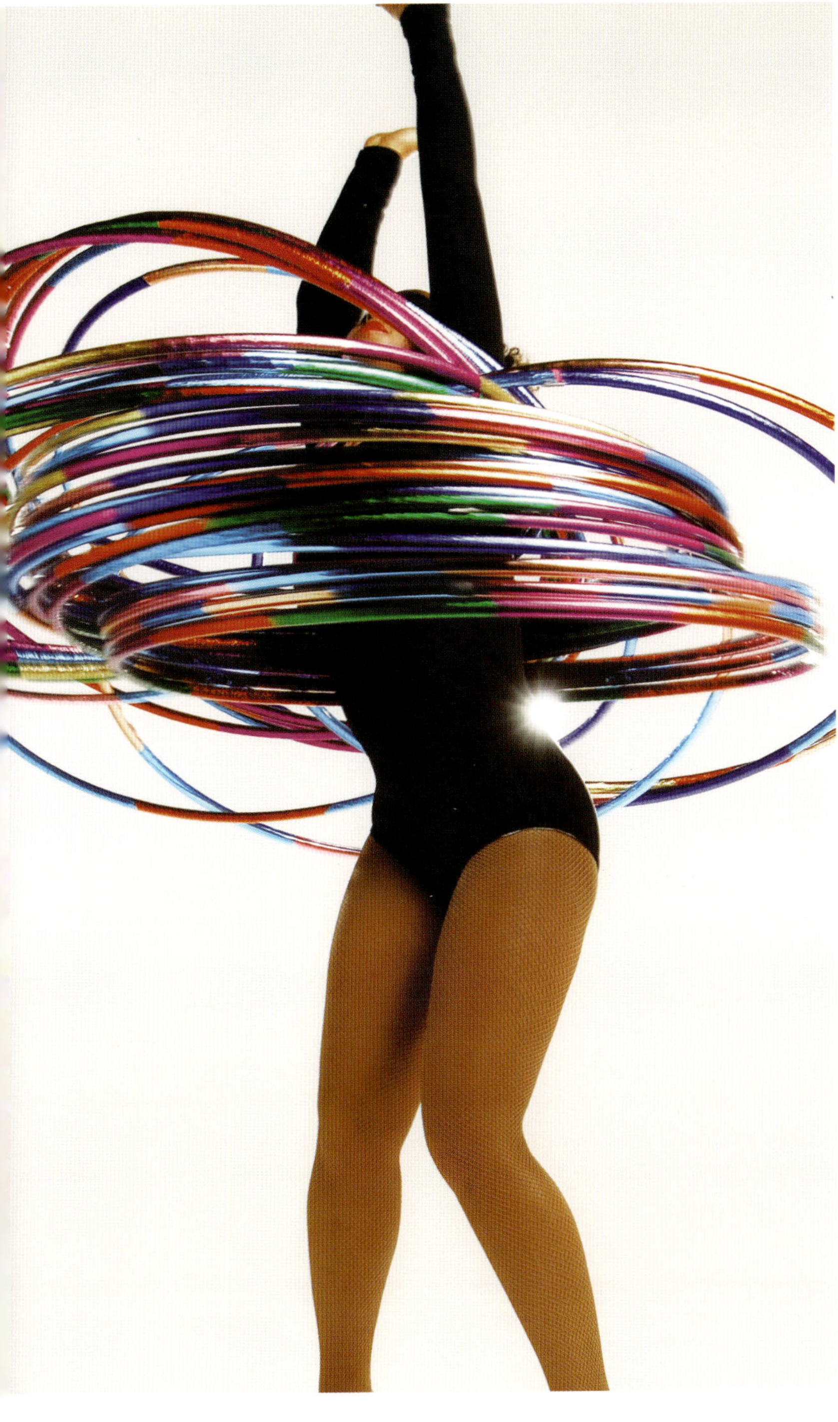

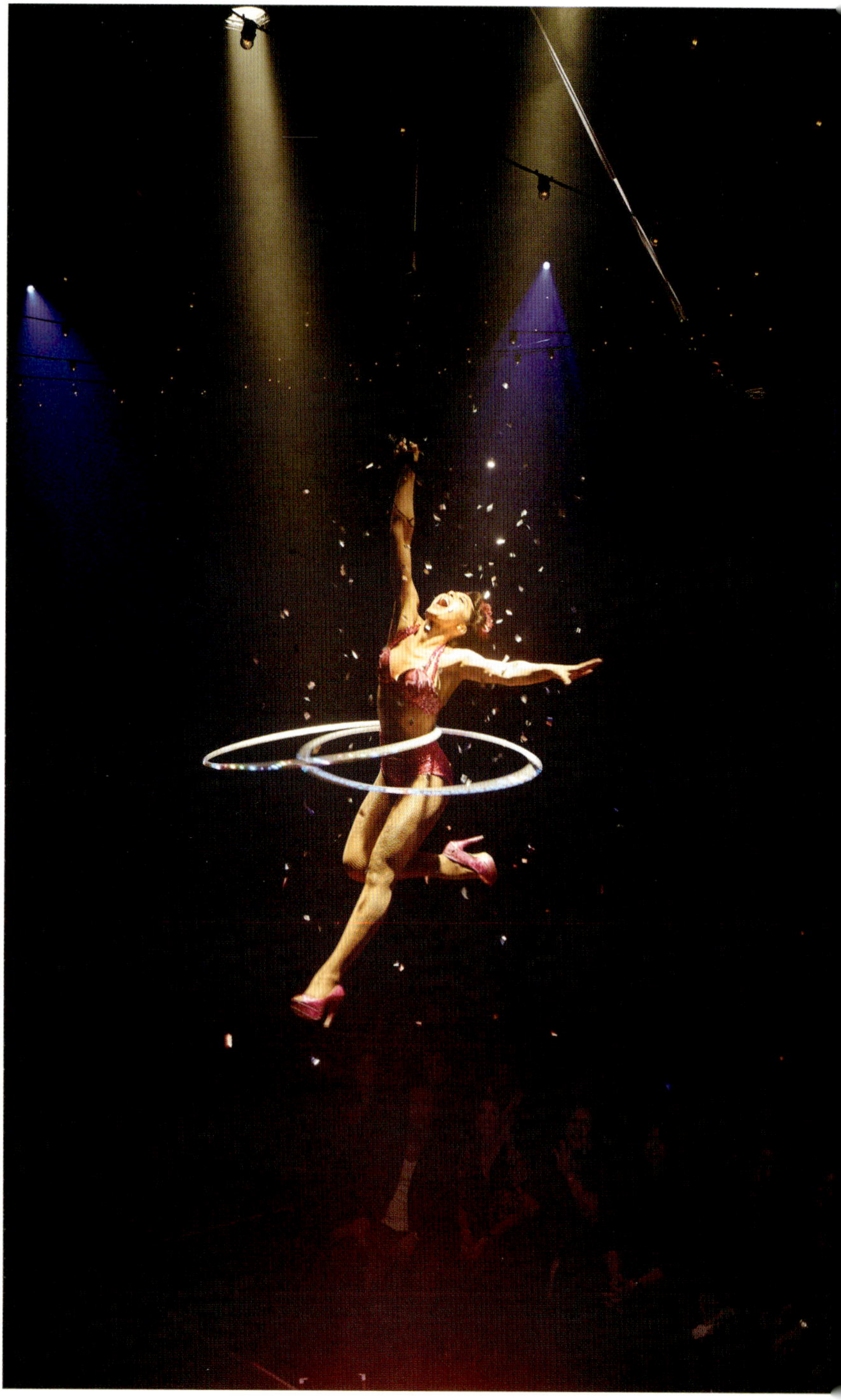

唯一的问题是：如何选择一项自己真正喜欢而不至于无聊的运动？显然，我有些偏心——我始终觉得呼啦圈是最有趣的运动。我也很喜欢轮滑、跳绳，还有"灵魂列车"（美国一档著名的电视舞蹈秀）中的舞蹈。可供选择的运动种类非常多，你需要找到自己真正热爱的。如果开始运动对你来说真的很难，那么可以试试分解目标，比如先从每周3次，每次20分钟开始。只要提前做好计划，安排时间锻炼并不算难。早晨起来先做20分钟运动，是活力满满地开启崭新一天的最好方式。如果你希望占一点先机，那么可以先偷偷锻炼一段时间后，再向大家公开你的新技能。不过也别太在意自己的表现，大家都是从不会到会的，这个道理人尽皆知。即使是世界冠军，也是从初学者开始的。运动能带给你自信，而它最难的部分就是下定决心动起来！

8

"噔噔噔",脚丫疼

我17岁的时候才拥有自己的第一双高跟鞋。我觉得高跟鞋很好看，但是穿高跟鞋让我的脚底板疼得不得了，还会妨碍我的行动，让我走路很不自在。所以我在青春期的时候，是绝对不会穿它的。你的骨关节还在生长，穿高跟鞋会导致你的骨骼发生弯曲，这对你的背部很不好，也会影响你的体态。虽然你觉得自己已经像个大人了，但你的骨骼可能还没完全发育成熟。女孩通常要到16~17岁时，骨骼才会停止生长。这意味着要到那时，你的骨骼才不容易弯曲，关节错位的风险才会降低。但即使到了那时，也别忘了，连续穿几个小时高跟鞋也许没什么问题，但是一整天都穿着的话，那可就不舒服了。每次穿高跟鞋出门的时候，我一定会随身带一双平底鞋。

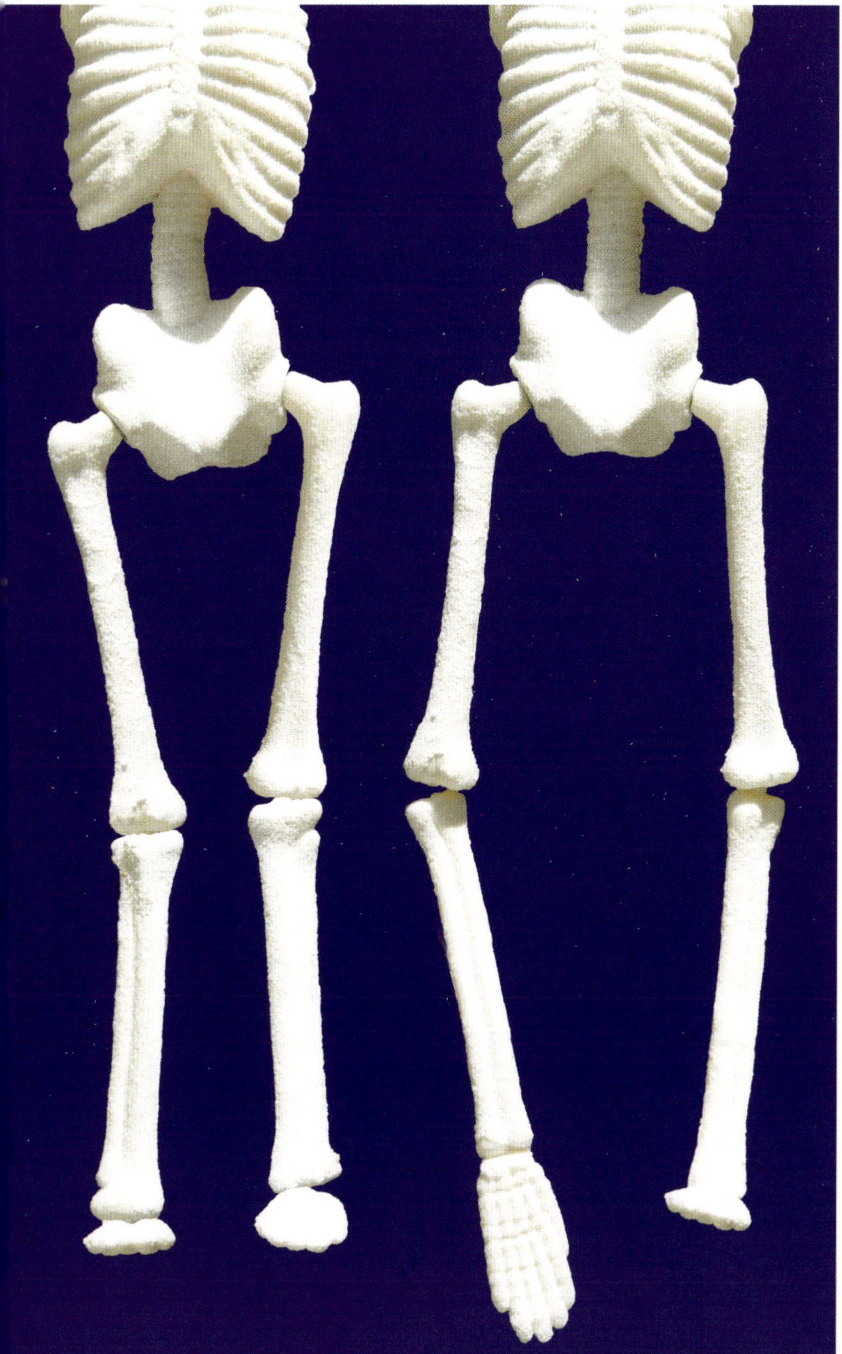

尴尬排行榜 1

9

"嘘嘘"问题

14岁的时候,我尿过一次裤子。那是很平常的一天,我穿着运动服,走路回家。和往常一样,我刚到家门口,就想要小便(现在我也有这种习惯)。但是那天,我没带钥匙。这本来没什么,因为我家后门那里总是放着一把备用钥匙。可是那天,备用钥匙恰好不在。不过也没事,我知道梯子在哪儿,心想也许顺着梯子可以从窗户爬进去。可是,那天我

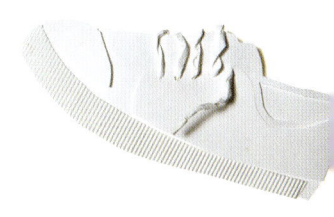

家所有的窗户都是紧闭的。

这下我开始郁闷了。当时手机还没有普及,我没法打电话叫谁回来帮我,也不好意思去邻居家求助。我坐在后院的花园里,努力想办法。我实在太想小便了,决定仰面躺下,觉得这样能缓解一点紧迫感,然后,我把腿抬起来,倚在墙上,没想到这样感觉更糟糕了。我开始有了刺痛感。我一会儿想到:自己做仰卧起坐特别棒,我的腹肌很强大,所以应该能控制得住;一会儿又觉得,干脆就找个地方蹲下来小便算了。但这样肯定会有人听见动静,如果他从篱笆那边探头过来,看见我光着屁股,那我还不得尴尬死。

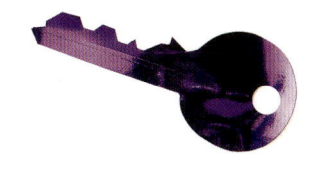

所以我一边拼命忍着,一边又责怪家里的所有人,埋怨他们怎么不给我留把钥匙,或者开扇窗户。然后……我感觉到一股涓涓细流。啊,天哪!我最害怕的结果发生了。我默默地站着,我的内裤湿了,然后是运动裤、袜子,还好我及时把鞋踢掉了。那股温暖的水流完全不受控制地流了出来,足足有一升。我羞愧难当,而且浑身发冷。我从晾衣绳上拿来了妈妈的睡裤,然后,悄悄地,十分尴尬地脱掉湿乎乎的运动裤,穿上睡裤。因为腿还没有完全干,我总感觉裤子贴在腿上。天哪!太可怕了!我刚穿上睡裤,就听见妈妈停车的声音。我怒气冲冲地想要指责她:她真是最最糟糕的妈妈,居然没给我留钥匙。当跑过去时,我却看见她正在跟和我同校的一个女孩说话,那个女孩应该是刚好路过。她们俩一起看向身穿运动衣和睡裤的我。"噢,你好!"我说。然后我像什么事都没发生一样,帮妈妈把车里的东西搬出来。那是我经历过的最糟糕的一天。

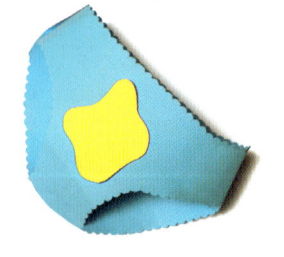

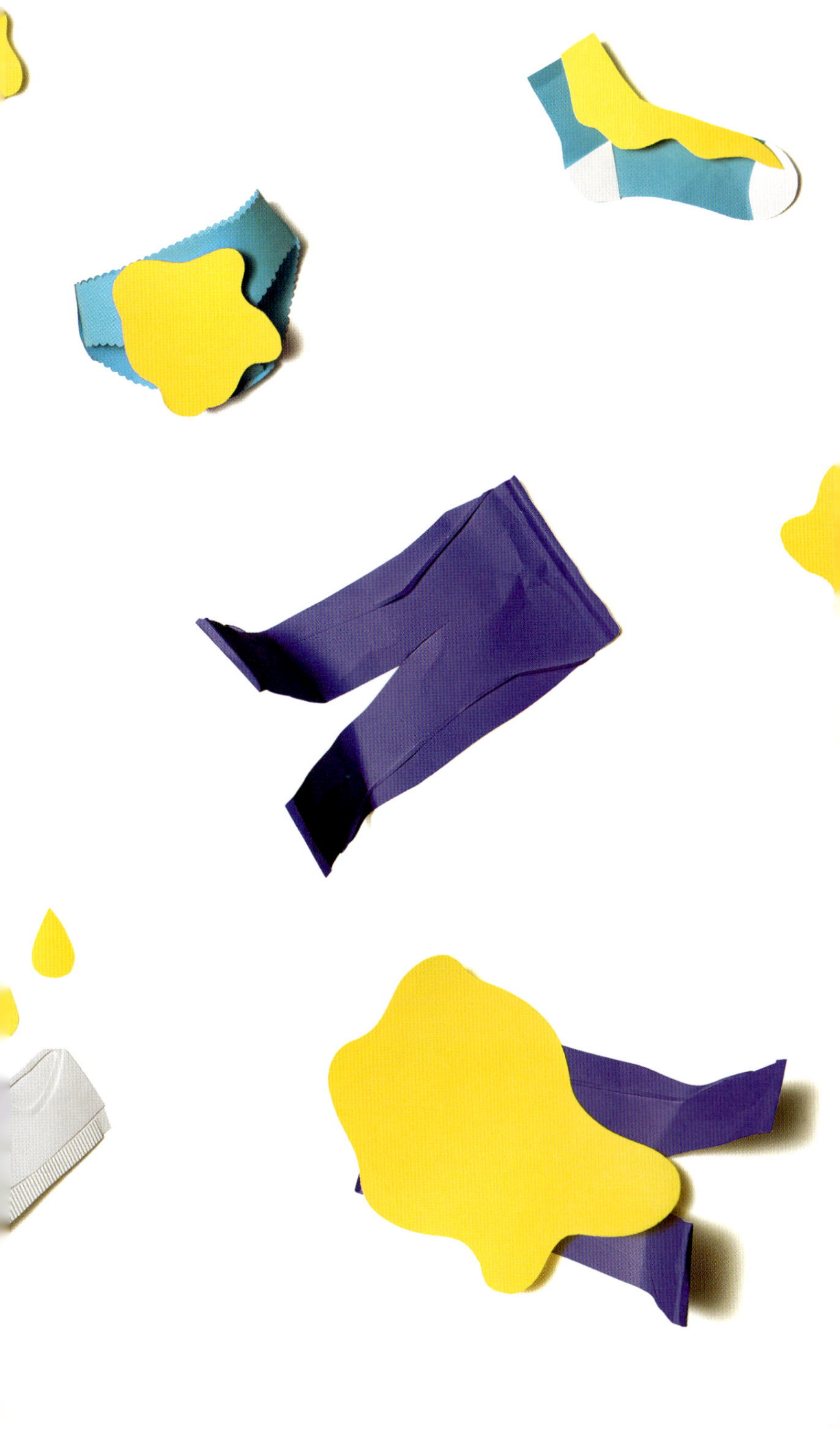

有时候你只学会

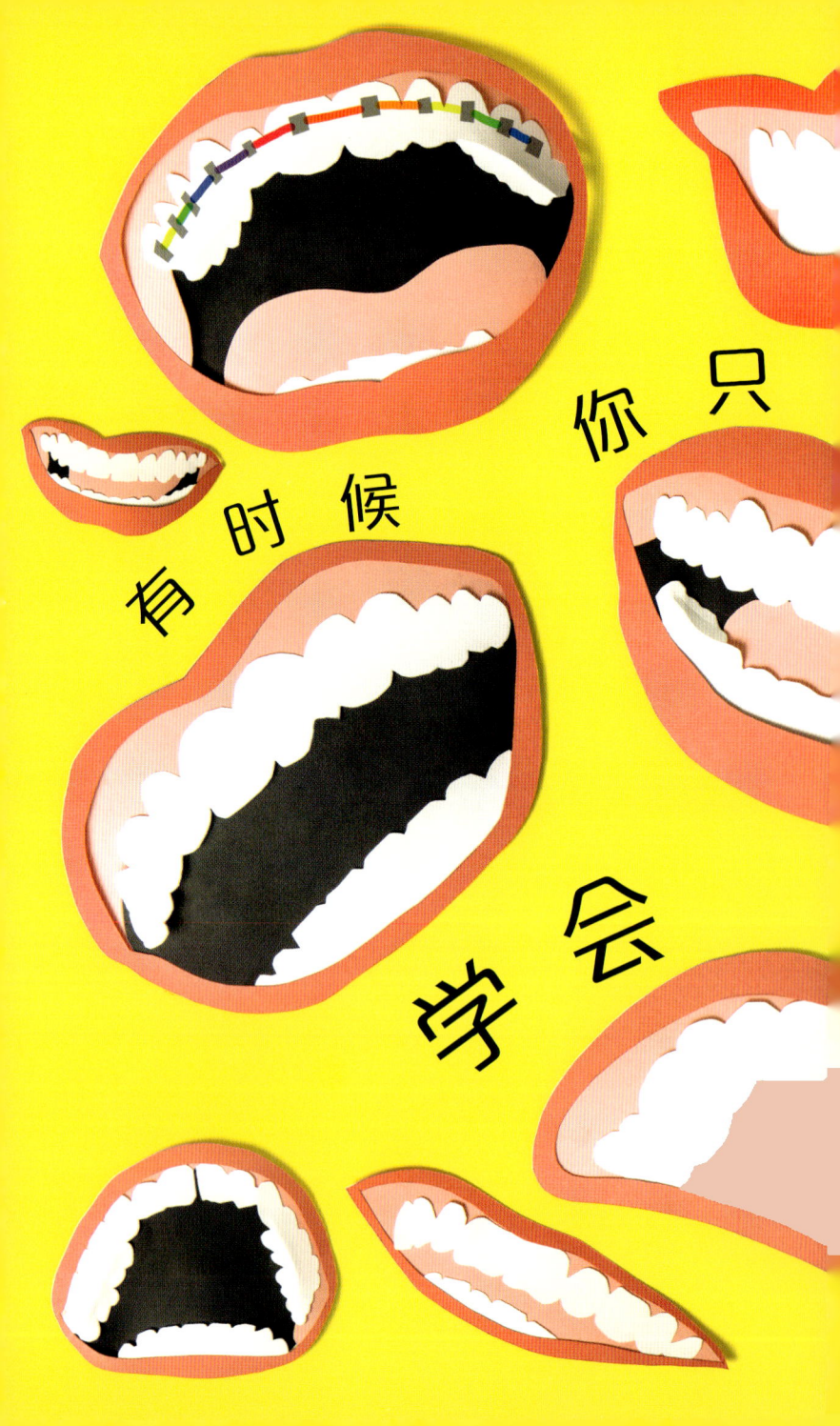

是需要嘲

10

关于阴道

当你开始认识阴道时，你会发现，自己有一个通往身体内部的洞，这个洞就在你小便的尿道口后面。这简直太奇怪了！这个洞通往哪里？有没有尽头？洞的那一头是什么？游泳的时候，这个洞会进水吗？水进去之后还会出来吗？我会喝到那些水吗？（前三个问题的答案依次是：通往子宫，有尽头，子宫、输卵管和其他一些器官；后三个问题的答案依次是：可能会！可能会！可能会！）

我在14岁的时候才第一次真正地观察我的阴部，感觉真是有点难以接受——那里有毛，有股从未闻过的气味，以及其他各种特殊又奇怪的东西……每个人都有这些吗？每个人的都和别人的不同吗？

大大方方说出来：

阴道

阴道

阴道

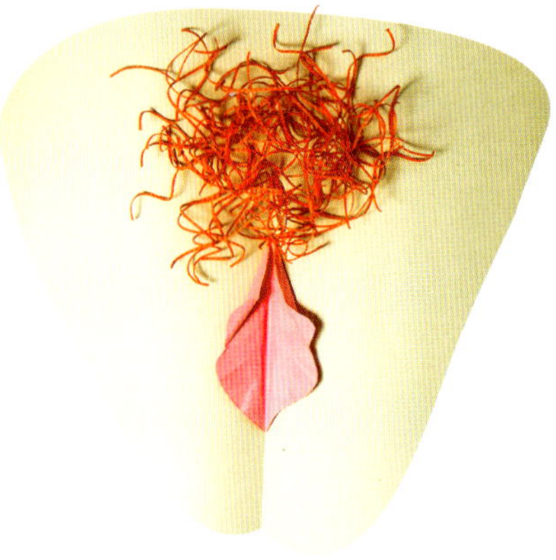
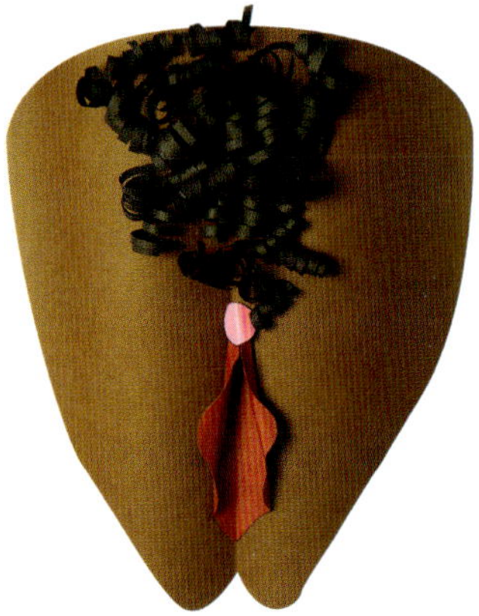
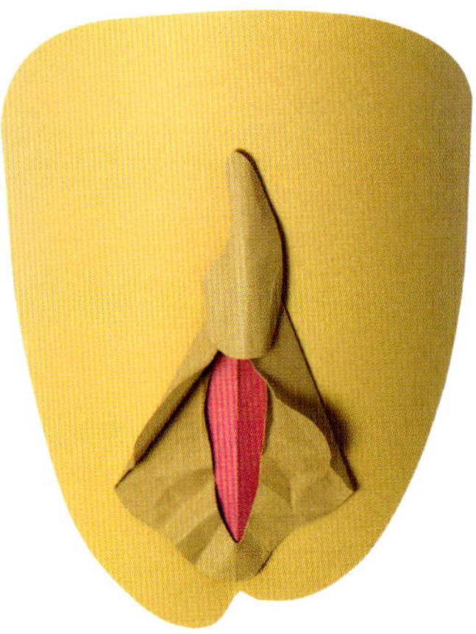
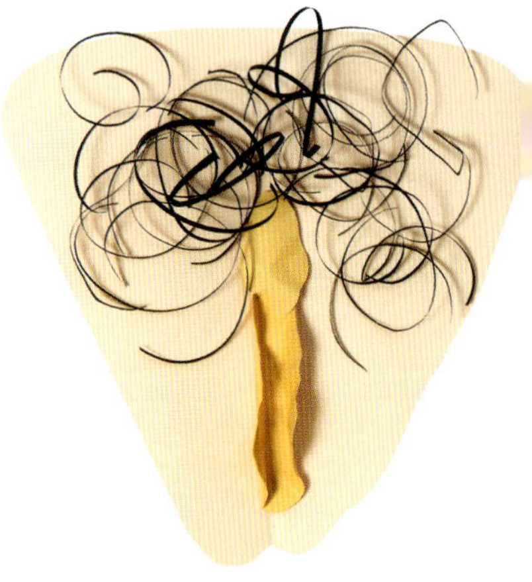
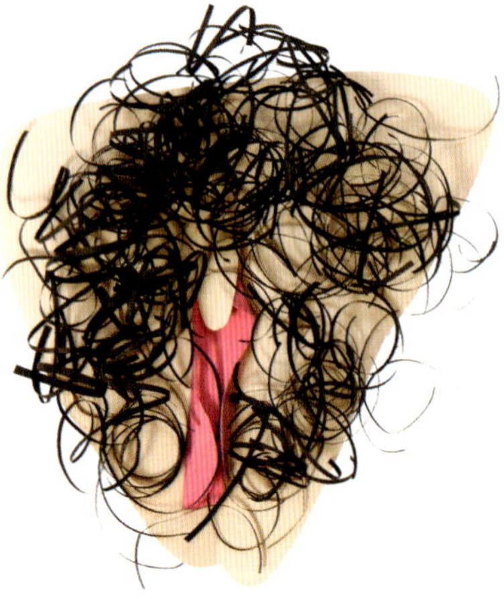
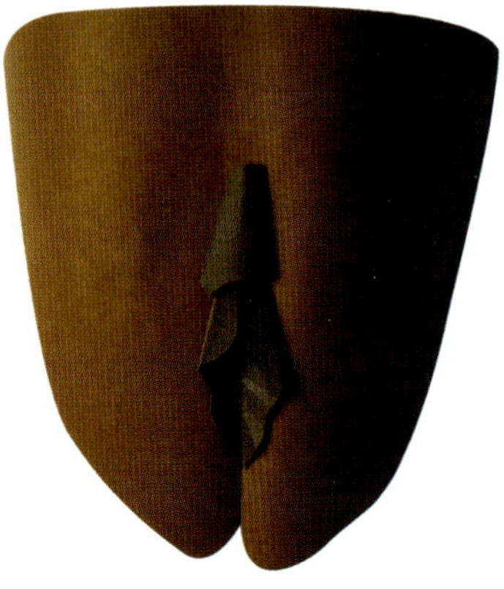

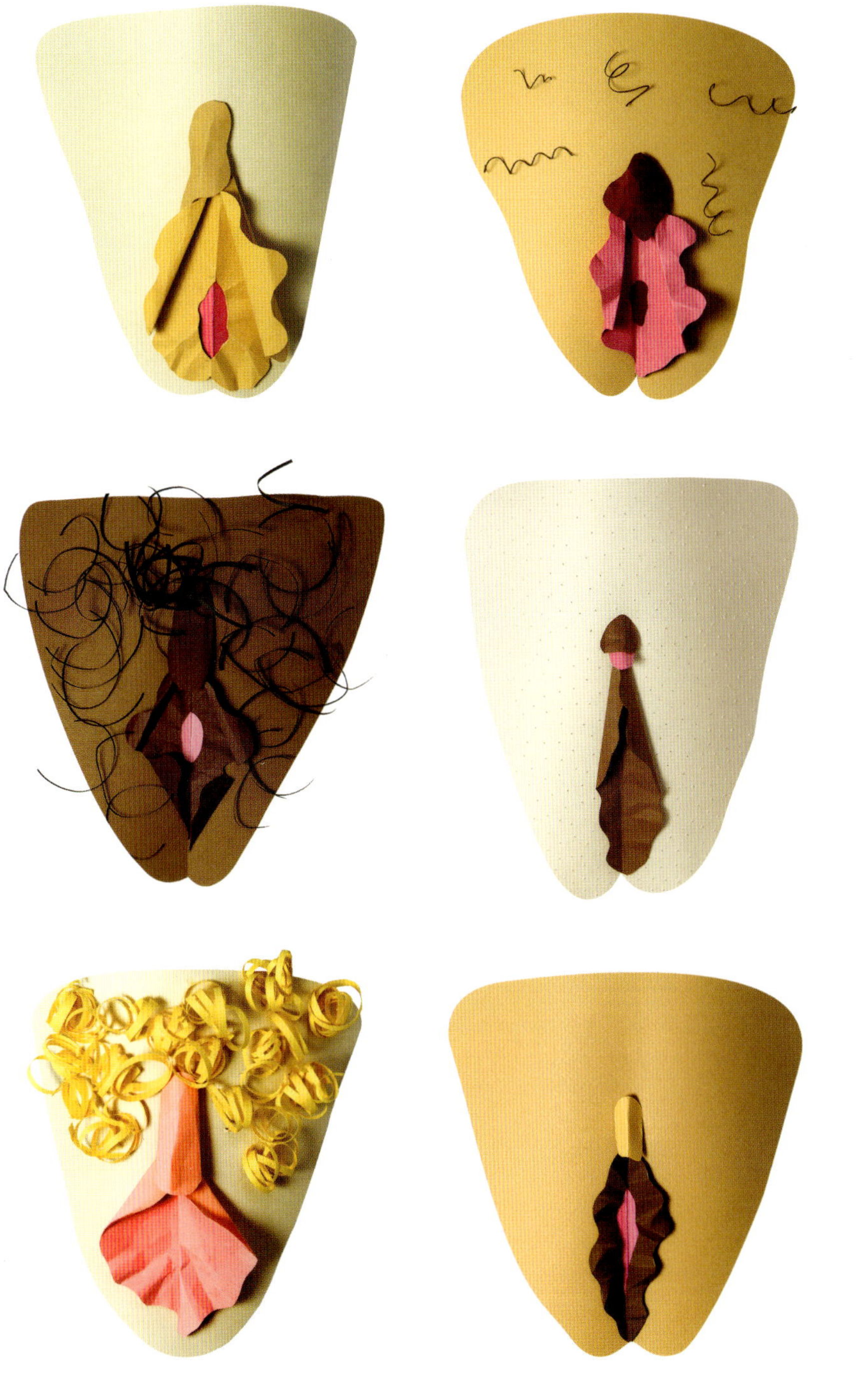

后来，我锁上卫生间的门，拿了面镜子，仔仔细细地查看了一番。我的阴部看起来还挺复杂的——它乱糟糟的，感觉很陌生。我查看了很多医学书籍，发现自己并不是世界上唯一有这种多毛的、怪异的、贝壳状东西的人。我和其他女性一样都拥有它。这个复杂的器官常常被比作精致又脆弱的花朵，我喜欢这个比喻。然后，我仔细分辨了它的各个部分，以及每个部分的功能。我找到了哪里是阴蒂，哪里是尿道口（小便的那个洞洞）。小便的时候，我甚至设法在两腿之间放了一面镜子，来确认各个部位是不是像《解剖学指南》里解释的那样，都在它们该在的位置。幸亏它们都在，这让我松了口气，因为我总是担心哪里会有异常。

　　到现在我还不明白，为什么有时候女性会因为谈论女性生殖器官而感到难堪，而男性一直都以自己的男性生殖器官而骄傲。也许是因为我们的是朝内的，而他们的是向外的。

6岁的时候，我发现男孩可以很方便地在任何地方尿尿，而女孩却不行。这让我觉得很不公平。我相信，只要努力练习，我也可以让自己的小便射出一条漂亮的弧线。我决定试一试。我站在离马桶半米开外的地方，微微下蹲，翘起我的小屁股，努力向前尿，期待着一道水线成功射入马桶。但令我大惊失色的是，一股热乎乎的液体顺着我的腿流了下来，一直流到脚踝，弄湿了裤子。我好失望，还得让妈妈相信我不是故意的。我至少试了5次才肯承认失败，为自己没有能力射出"尿箭"而深感失望。直到今天，我也没能让尿"飞起来"（是的，我还在尝试）。

不管怎样，请记住，阴部是你的朋友，将伴你一生。所以，你应该了解它。知识就是力量。当我认为自己清楚地了解了有关这个器官的一切知识时，我变得更加自信，觉得对自己的身体更有掌控感了。

这里你看到的是女性阴部的美丽景象。这幅图里有你需要了解的关于阴部的一切！前面你已经看到了，阴部可能有各种不同的形状、颜色和尺寸，但无论它是什么模样，都由图示几部分组成。

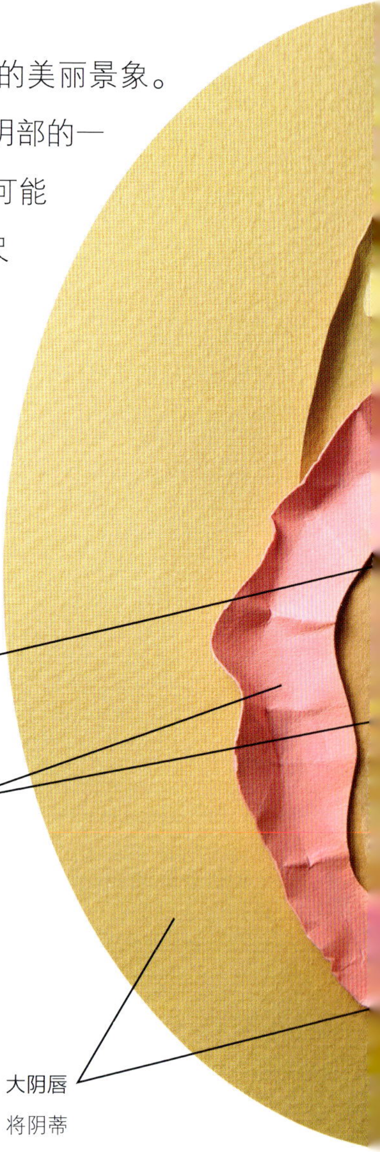

尿道口（小便的洞洞）

小阴唇

英文的阴唇"labia"在拉丁语中就是"唇"的意思。这些"唇"围绕在你的阴道和尿道周围保护着它们，还有保持清洁、湿润的作用。

大阴唇

它们在你的外阴部呈开口状，将阴蒂和小阴唇围在中间，起到保护的作用。

阴蒂包皮（保护阴蒂）

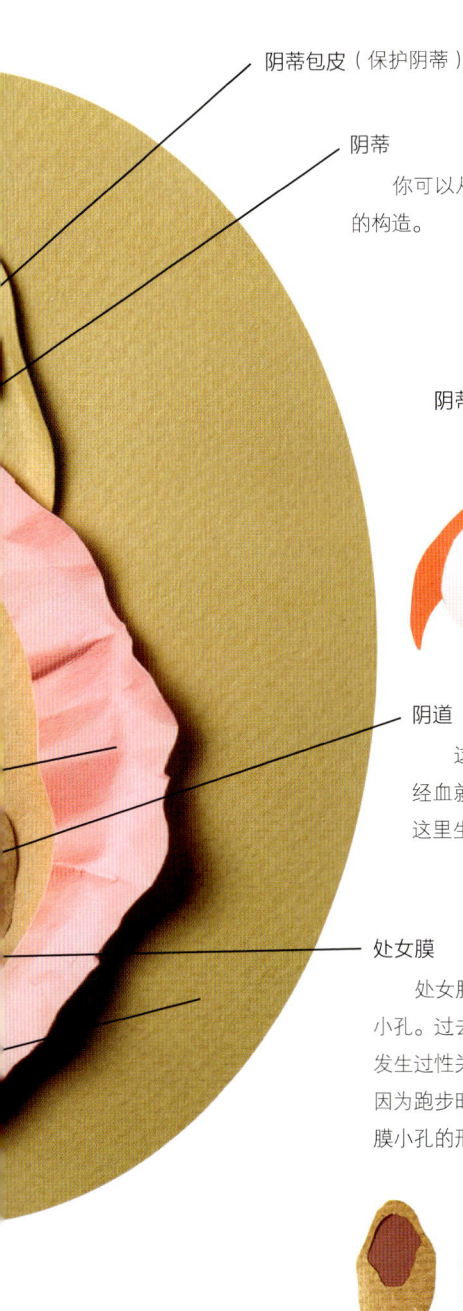

阴蒂

你可以从下面这幅小图中看到它内部的构造。

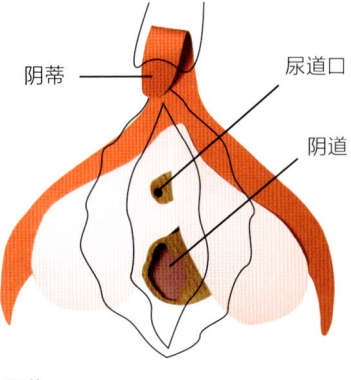

阴蒂　　　尿道口

阴道

阴道

这是通往子宫的通道。你来月经时，经血就是从这里流出来的。小宝宝也是从这里生出来的。

处女膜

处女膜是阴道口内缘的一片薄膜，中间有小孔。过去，人们以处女膜的完整来证明没有发生过性关系，这很不科学。很多年轻女孩会因为跑步时动作太大，不小心把它扯破。处女膜小孔的形态很多样，例如下面这几种。

11

那白色的
东西是什么

你内裤上出现白色或黄色的东西是完全正常的。第一次看见它的时候，我觉得自己肯定是哪里出了问题。但是，相信我，一切正常。健康的阴道是湿润的，那些让它保持湿润的分泌物有时会沾到你的内裤上——就是你看见的那些白色或黄色的东西。一旦你开始有了月经，你可能会注意到这种分泌物有时很像透明的啫喱或蛋清。这意味着你正在排卵：你的身体排出了一粒小小的卵，并在子宫里为它安排好舒服的"小垫子"，让它能平安着陆。有时候，这些啫喱状的东西不知道什么时候就流到内裤上了。有时候我能感觉到它在流动，还以为是来月经了。这种感觉怪怪的，不过你会习惯的。和月经一样，你也能找到它的规律，因为它也遵循一定的生理周期。我会把相关的时间记在一个专门记录月经的APP上，这样监测起来就容易多了。不过，刚开始有这些分泌物时，你可能会弄得哪儿都是。没关系，别焦虑，只要做好准备就行。阴道每天都会有一点分泌物，这完全正常。你只需要关注是否有异常情况，比如分泌物总是很多，很黏稠，有强烈的气味——这可能是阴道炎的征兆（阴道炎可以治愈，我会在后面讲到，详见第198页）。

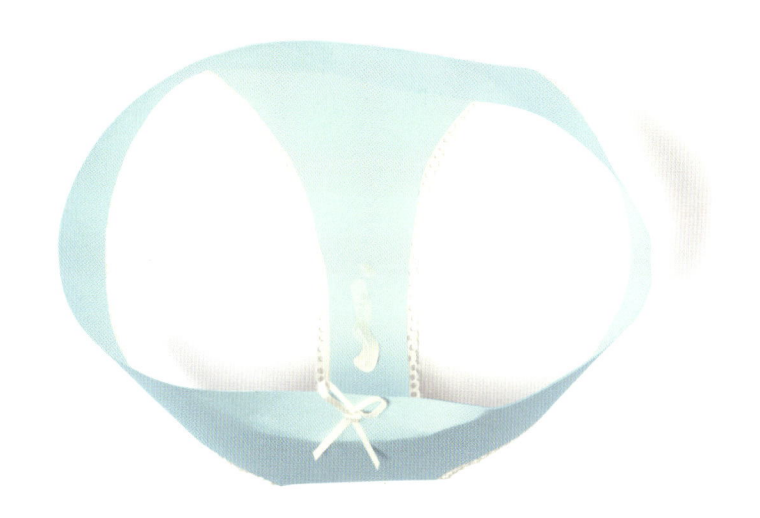

12

有关头发

毛发是一种奇特的存在。一方面，我们为了给自己某些部位脱毛而费尽心思；另一方面，又花费大把的时间照顾和养护另一些部位的毛发，比如头发。头发充满魔力：我的一个朋友的头发超级长，她甚至能用头发把自己挂起来。这是她特有的表演，称为"头发悬吊"，这真是太惊人了！（未经训练的你可千万不要模仿！）头发不仅拥有如此惊人的力量，还对我们的感受有着巨大的影响。换个新发型就会让我们焕然一新。

我在头发上做过各种有趣的尝试，我能想到的几乎都试过了：漂白、拉直、染色；编小辫、扎起来、光洁整齐地披散开、反反复复地梳理；实在没什么可做的了，就把它剃光（事实上，在写这本书的过程中，我又剃了一次光头）。

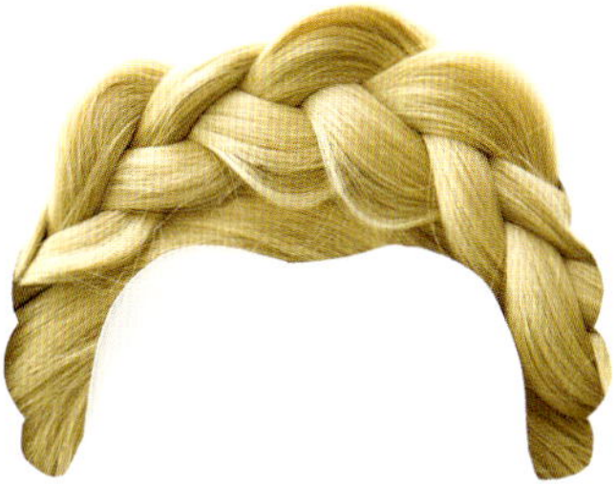
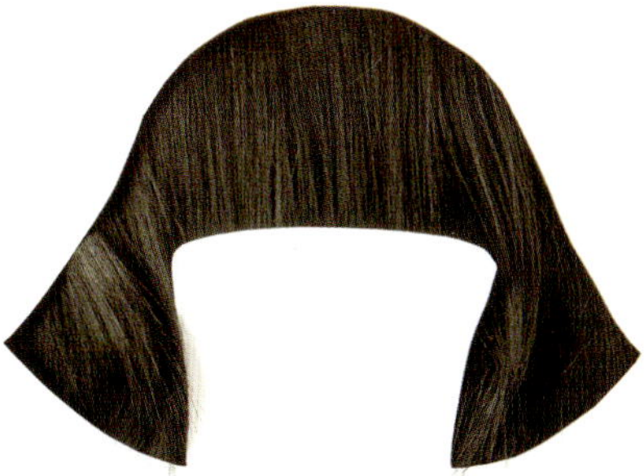
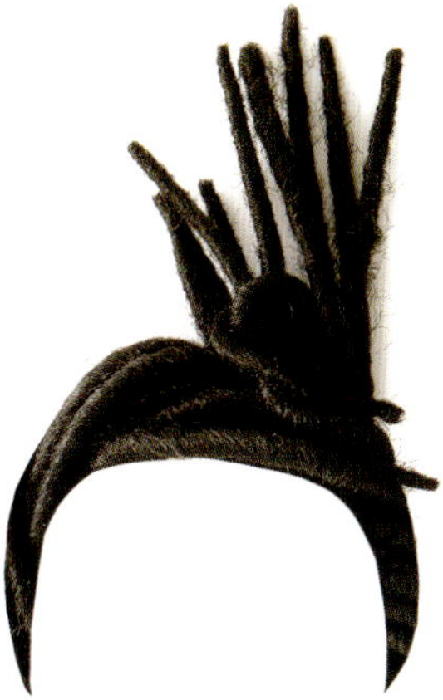
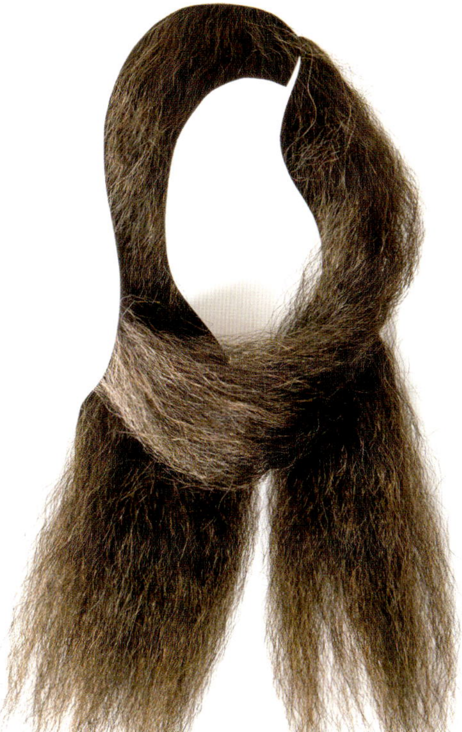
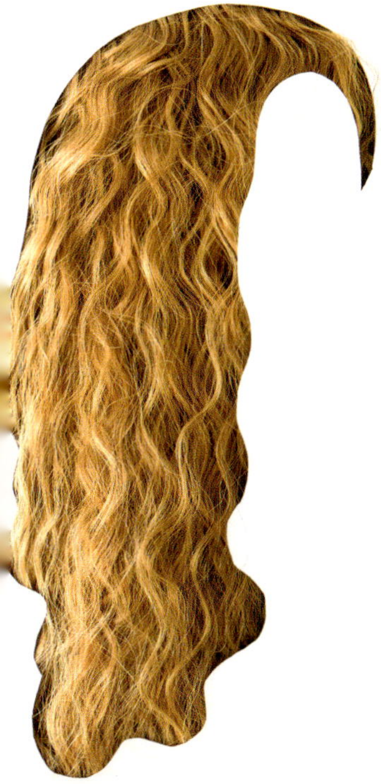
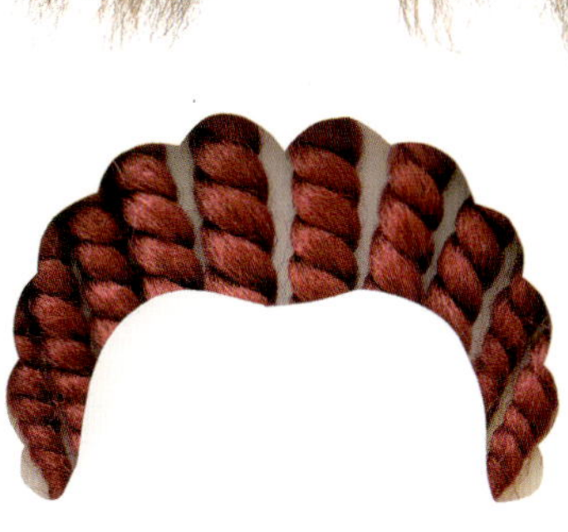

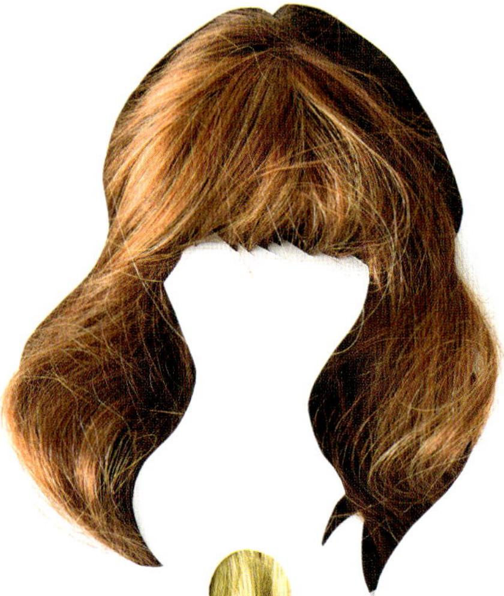
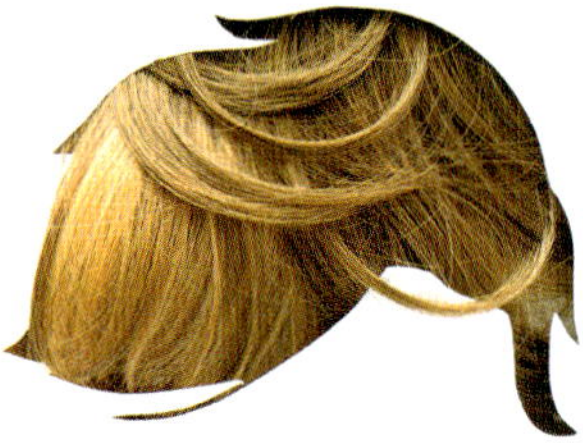
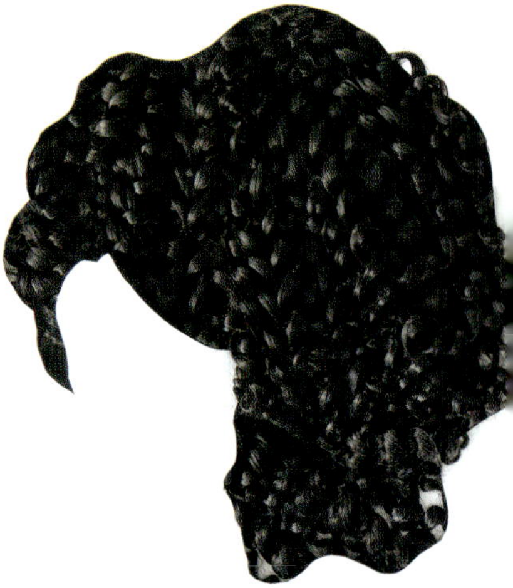
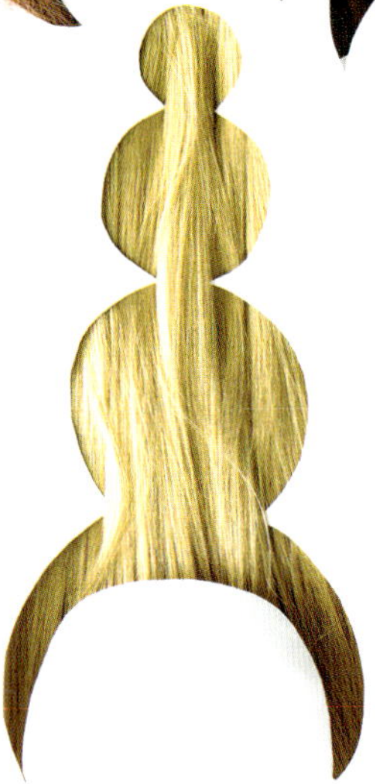
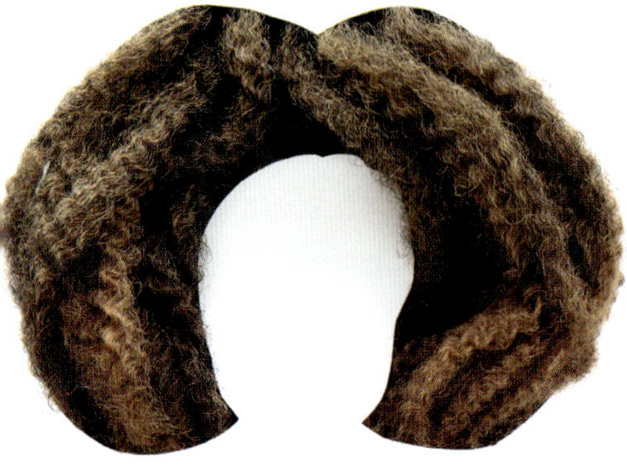
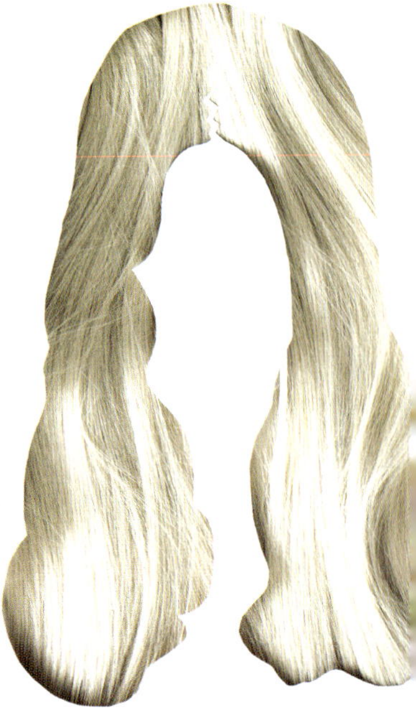

把头发剃光的感觉特酷，就好像我在独自一人对抗全世界，对抗那些认为"外表就是一切"的人，对抗那些整天为自己的外貌焦虑、为别人对自己的看法焦虑的人。至于梳头、做造型和护理头发这种事嘛……我的任务是好好生活，我才不会每周花好几个小时来做这些事呢。

所以，我想对你说的是，那只不过是头发而已，即使剃掉了还会再长出来。要我说，疯狂一次也无妨，你完全可以做各种尝试。假如，你不小心剪坏了或者染坏了自己的头发也别担心，这只是暂时的。接受现实，同时也想想别的办法：别几个卡子，裹上头巾，用发带，戴顶帽子或者假发，怎么都行。可能很久以后的某一天，当你再看到那时的照片时，你会笑个不停（或许也会想起当初的黯然神伤）。而让你重新打起精神来的，仍旧是你的新发型——这就是头发定律。

（温馨提示：在你尝试大胆的发型之前，还是应该考虑学校的相关规定哦，最好选择寒暑假期间去尝试。）

13

这儿,那儿,到处都是毛

也许前一分钟你还觉得自己的皮肤是光洁美丽的,但下一分钟你却发现你的腋下、腿上、两腿间,甚至嘴唇上部、乳头上都长出了细细的毛发,让你觉得自己就要变成大猩猩了。我对自己新长出来的体毛又爱又恨。起初,我任由它们生长,还有点小激动,因为这意味着我将要成为一个女人了。但是没过多久,我就想尽办法要把它们弄掉,这同样让人激动。我想试试蜜蜡脱毛,但又怕疼。我最终还是尝试了,并没有想象的那么疼。不过,我有个朋友在用蜜蜡去除比基尼区的毛发时,出了一点点血。这让我紧张了好一阵子……现在,我的观点是:没有成规。

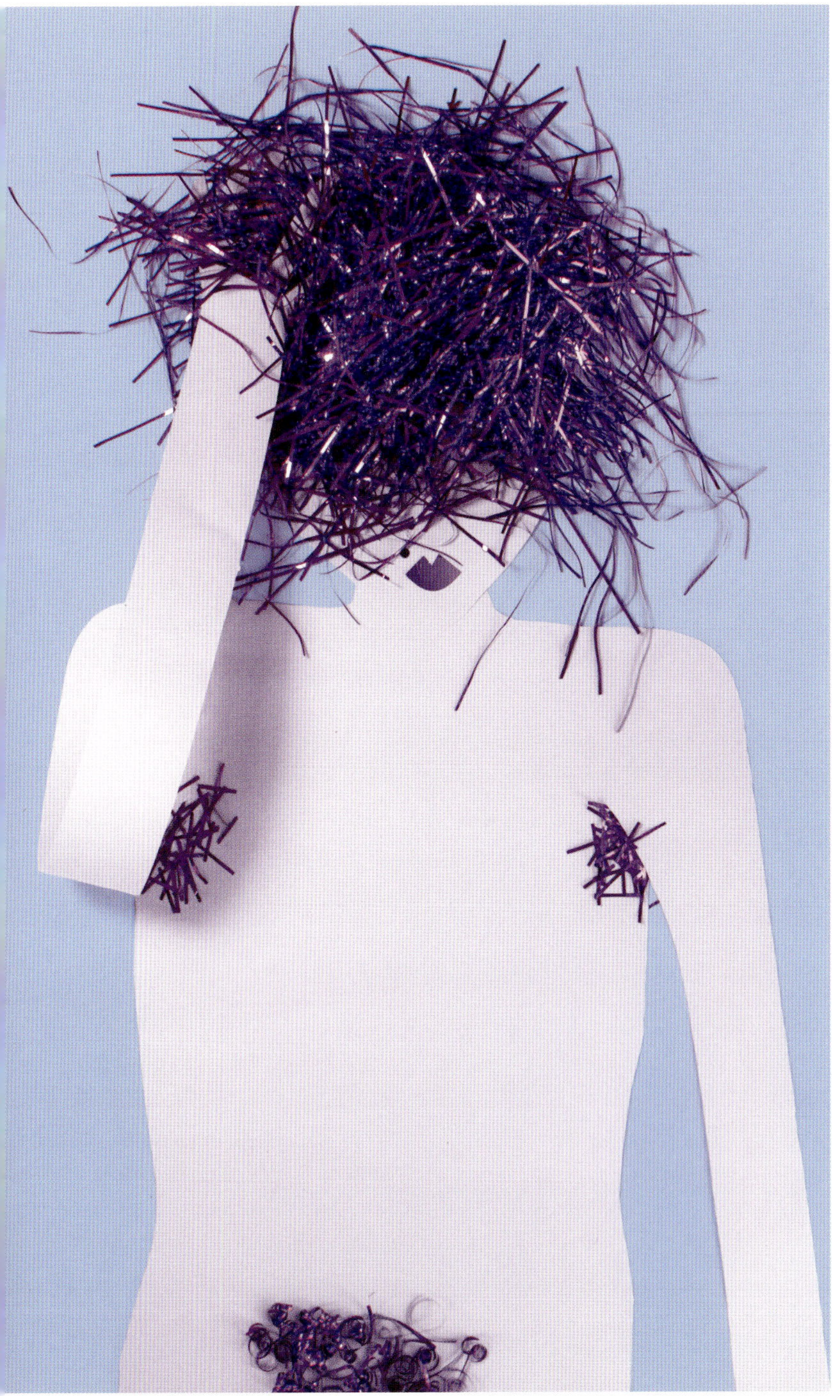

如何对待体毛?潮流总在改变。现在的潮流认为女人除了头发,哪里都不该有毛发。但我们生来就不是这样,如果你想保持自然,那么别犹豫,听自己的!没人有权指挥你该如何装饰自己的新花园。

我认为它们很美,而且在世界各地也有很多女性都任凭自己的秘密花园和腿部的毛发繁盛地生长,才不管别人怎么看。当然,如果你想去除这些体毛,也可以翻到第134页,那里有些实用的建议。

14

想吃就吃

初中时我很能吃,我觉得自己正在长身体,需要能量。我的身体的确长了,不过,我差不多从11岁起就不再长个儿了,而是一直在长胖。我喜欢这样,但不喜欢皮肤上因为长胖而被拉伸出来的纹路。不过,那些纹路后来真的就像妈妈说的那样消失了。所以,我继续吃,继续长。初三的我有时会为自己做一个特制三明治当早餐,吃完再来一杯奶昔,然后开始新的一天。但往往这时我已经困了,只想重新上床睡觉。所以,我可不建议你天天这么干。不过,我强烈推荐你试试这种三明治,试过你就知道我的意思了。

玛拉瓦的特制三明治
配方:3片全麦面包,2片奶酪,1听烤豆子罐头,1听意面罐头。
做法:放1片面包、1片奶酪,加上意面;再放1片面包、1片奶酪,加烤豆子;最后,再放1片面包就好啦。最困难的是把它塞进三明治机。烤好后,你就好好享受吧!

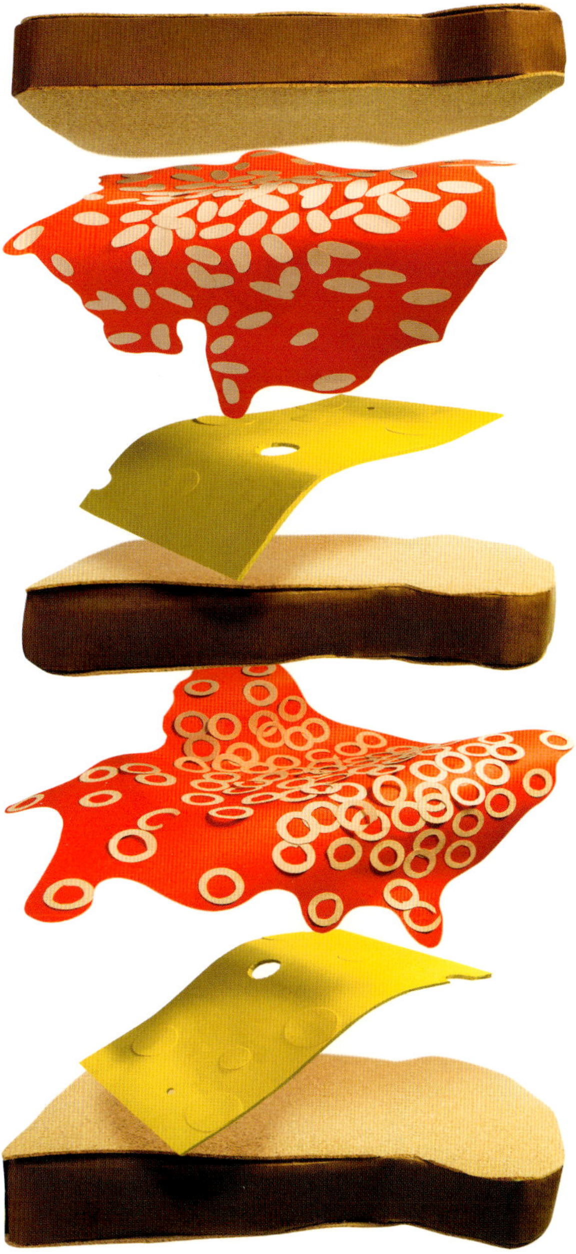

NO ONE
YOU FEEL
WITHOUT
CONSENT

CAN MAKE

INFERIOR

YOUR

不经过你的同意，没有人可以让你自卑。
　　——Eleanor Roosevelt（埃莉诺·罗斯福，美国前总统罗斯福的夫人）

15

心 碎

心碎让人痛苦。不过，哪怕痛不欲生，你也总能熬过去。即使有时候你觉得痛苦没有尽头，它也一定会过去。那些艰难的时光，曾经让我感觉心真的碎了。但实际上，那更像是一朵乌云飘进了我的身体。它让我感觉很疲惫，身体重得没法动弹，一点胃口也没有。周围的一切都是灰色的，没人能让我开心起来，我确信我的人生再也不会有色彩了。但是，乌云最终还是散开了，我又快乐起来。生活重新拥有了色彩，我恢复正常了。摆脱忧郁最好的办法就是去做你最喜欢的事情，投入其中，尽情享受。比如和朋友在一起、运动，或是读书。无论做什么事，我保证它都能加速你的自愈过程。你需要的只是分散注意力，等待时光流逝。不过，我完全明白你的感受。☹

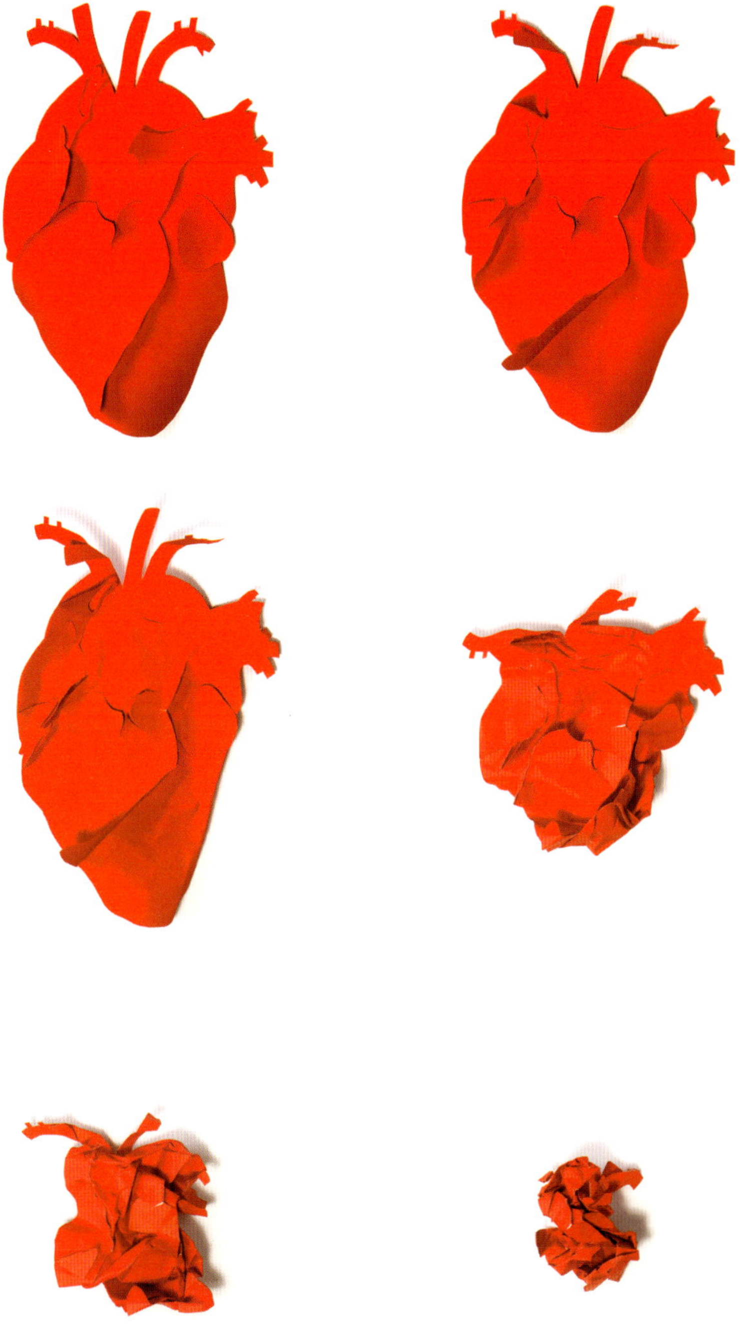

16

跳舞吧

如同没有人注视一般！（或者，如果你喜欢，如同受到万人瞩目一般！）

有时候，一段酣畅淋漓的舞蹈具有拯救一切的神奇力量——无论是可怕的灾难、麻烦，或是痛苦。舞蹈的类型多种多样：爵士、芭蕾、现代舞、街舞、乡村舞蹈、萨沙舞、踢踏舞、排舞、交际舞、探戈、莫里斯舞、地板霹雳舞、Vogue舞……实在太多了。你可以去报个舞蹈班，学习任何一种你喜欢的舞蹈。

很多舞蹈都与某种特定的音乐相关联。所以，找到喜欢的音乐类型也能帮助你确定自己喜欢什么舞蹈。音乐可以激发我们的各种情感：悲伤、喜悦、愤怒、兴奋、平静……因此，随着音乐起舞是一种很棒的自我表达方式。也许我列出

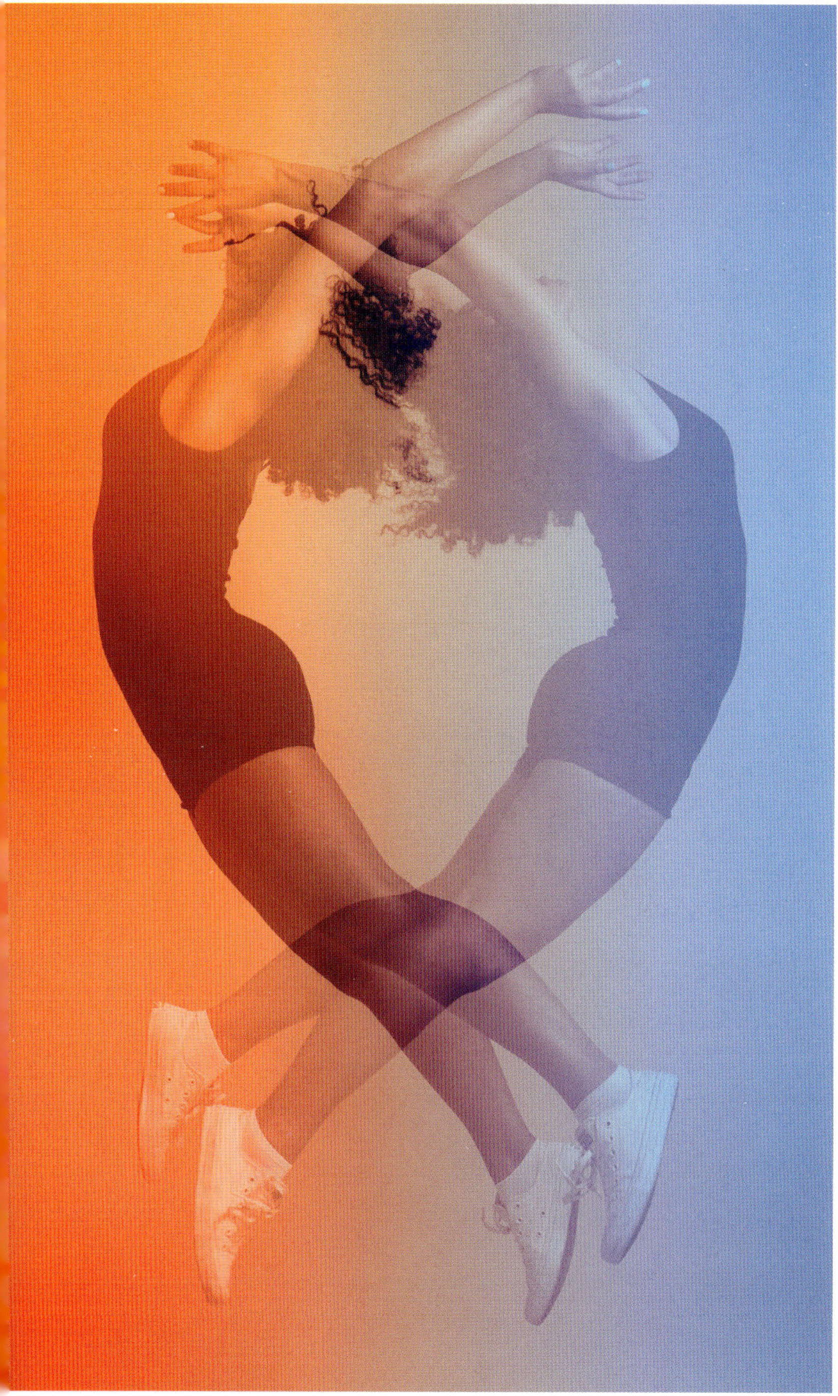

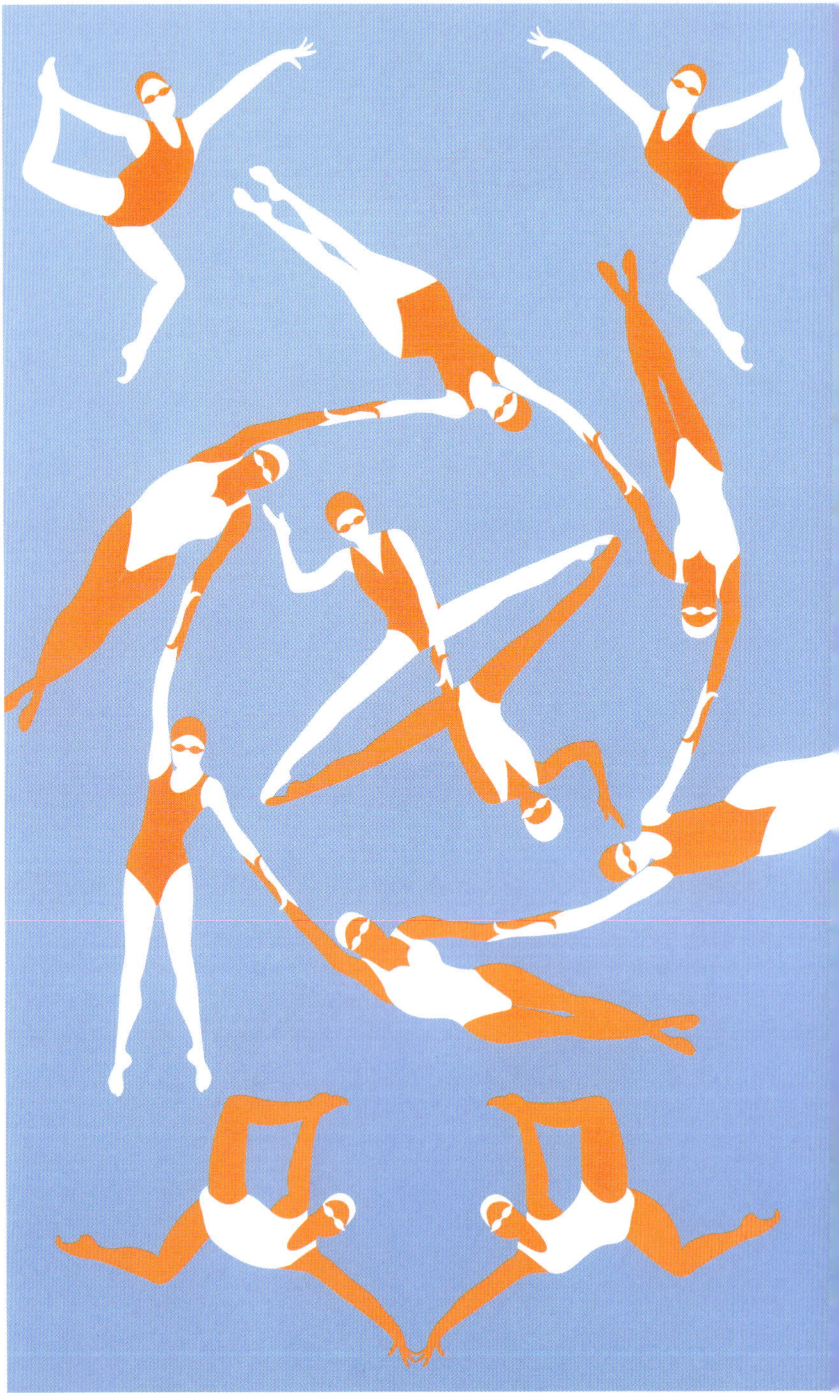

的音乐类型你都不喜欢,没关系,去找寻你自己喜欢的,看看哪种旋律能与你的灵魂相呼应。当你找到了它,在卧室放出来,跟随它起舞吧;或戴上耳机,在公园里踏出你的舞步。

只要听到喜欢的音乐,我就能舞动起来。我经常觉得音乐在牵引着我,我只是跟着音乐在舞动而已,但这种感觉奇妙得难以形容。我也喜欢看别人跳舞,每个人都可能被自己喜欢的曲调感染,投入到舞蹈中。通过人们的舞步,你似乎能看到他们的故事。我妈妈一听到葛洛莉雅·盖诺的歌《我要活下去》就不能自已。不管正在做什么,她都会停下来,沉浸在歌曲中——歌唱、转圈、夸张地舞动双臂、抖动手指。这首歌真是经典,每次看到妈妈随之舞动,我都感到很开心。

你不知道如何开始吗?没关系,当音乐响起时,你可以站着或坐着,边聆听音乐边试着摇摆胳膊、弯曲膝盖,或蹦蹦跳跳。不是所有的舞蹈都要像MV里那样完美。别给自己设限,召唤出你内心的舞蹈皇后吧,不管她长什么样!

17

月经的秘密

月经迟早要来，以各种你意想不到的略显血腥的方式。月经量有时候很大，有时候很小；有时候会断断续续，今天一点儿，明天一点儿，某天完全消失，第二天又回来了。不过通常来说，每个月总会有些天你可以放心地穿着白色内裤，不用担心弄上污渍。我来月经的时候，总想去小便，屁也很多。说来挺不好意思的，但这是事实。呃，既然是说实话，那么，我还想说，我总会在来月经的当天排一次量很大的大便。这种感觉挺好的，就好像我的整个身体在重启，就像是每月一次的净化。来月经意味着你已经成长为一个女人，所以不必害怕。可能唯一令你感到慌张的，就是来月经的时候刚好没带卫生巾或护垫。所有的正常女性都会来月经，无论是名人、运动

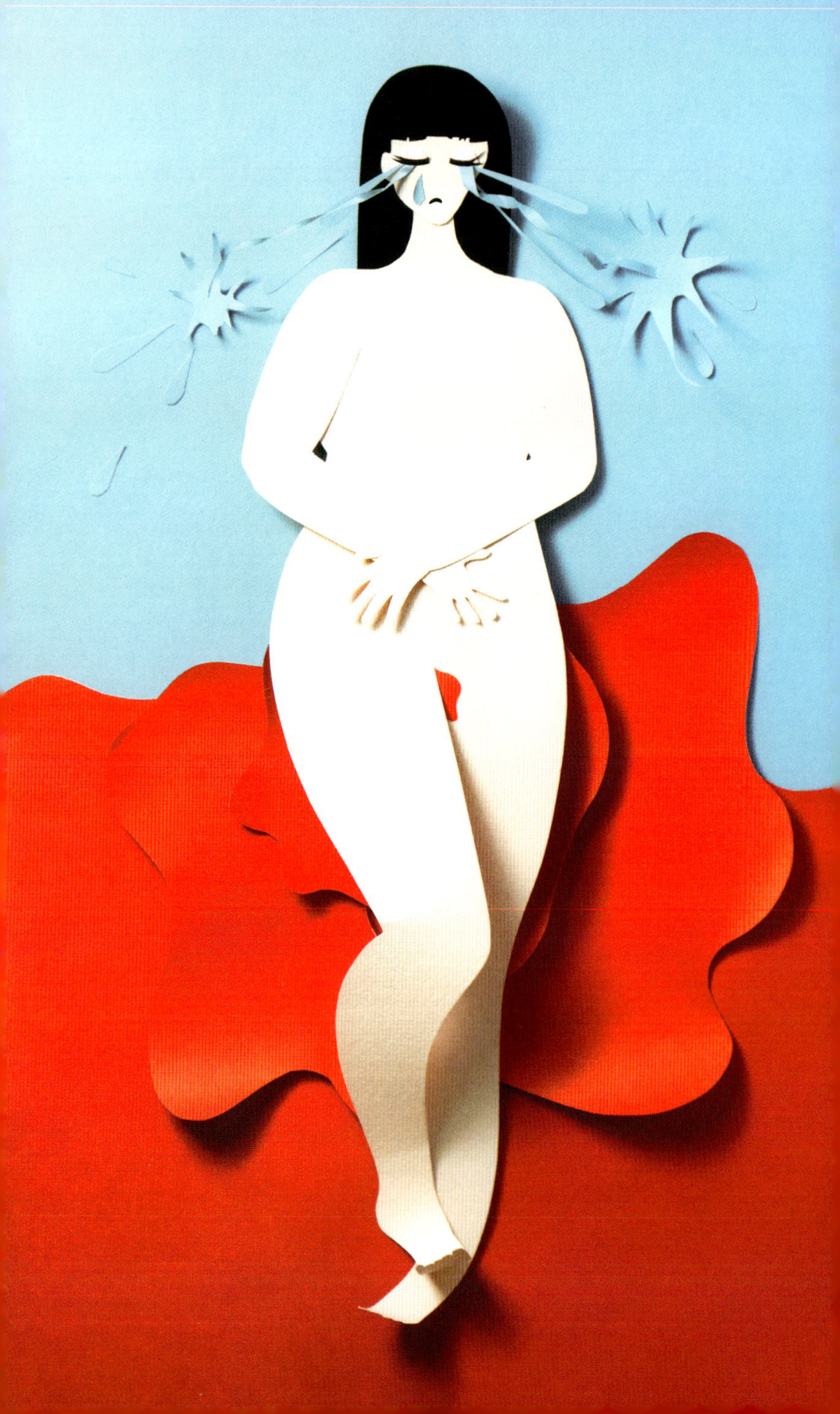

员、穷人，还是有钱人。世界上每一个民族、每一种文化中的女性都是如此。奇怪的是我们很少谈论月经，好像这是件让人尴尬的事。还好，在某些文化中，女孩子来月经是要庆贺一番的。然而不幸的是，随着这种庆典而来的往往是结婚生子。如果你依旧怀抱着征服世界的梦想，期待着成为最优秀的运动员、驯马师或者宇航员，那么结婚生子肯定不是你当下应该考虑的问题。

也有很多人能够坦然谈论关于月经的话题，所以别不好意思，你可以向朋友、比你大的女孩或者其他女性了解相关的问题。与生活中的大部分事情一样，随着时间的推移，再加上更多的练习，你总能学会应对它。越来越多的女性在公开谈论她们的月经，分享各自的故事和经验，揭开了我们每月都要经历的生理周期背后的秘密。这太棒啦！

我的第一次月经

呃，是这样，那天妈妈和她的朋友们在隔壁房间。客人们的小孩、我，还有我的兄弟姐妹们在看电视。电视节目中插进来一条卫生巾广告。画面上有一个女孩笑眯眯地骑着自行车，同时，可爱的动画展示了一个带小翅膀的卫生巾是如何被粘在内裤上的。我记得自己当时还在琢磨：垫着卫生巾骑自行车，肯定不太舒服吧。然而，几分钟之后，我忽然感觉到我的裤子湿了。这和我朋友们的经历不同，她们大多是在去卫生间的时候看到内裤上的血迹，才发现自己来月经的。我立刻就意识到发生了什么，我跳起来，冲向卫生间，像憋尿那样努力憋着。但是没用，我能感觉到有东西流到了内裤里。这一点都不疼，跟被刀子划伤手指而流血的情况完全不同，我只是感觉

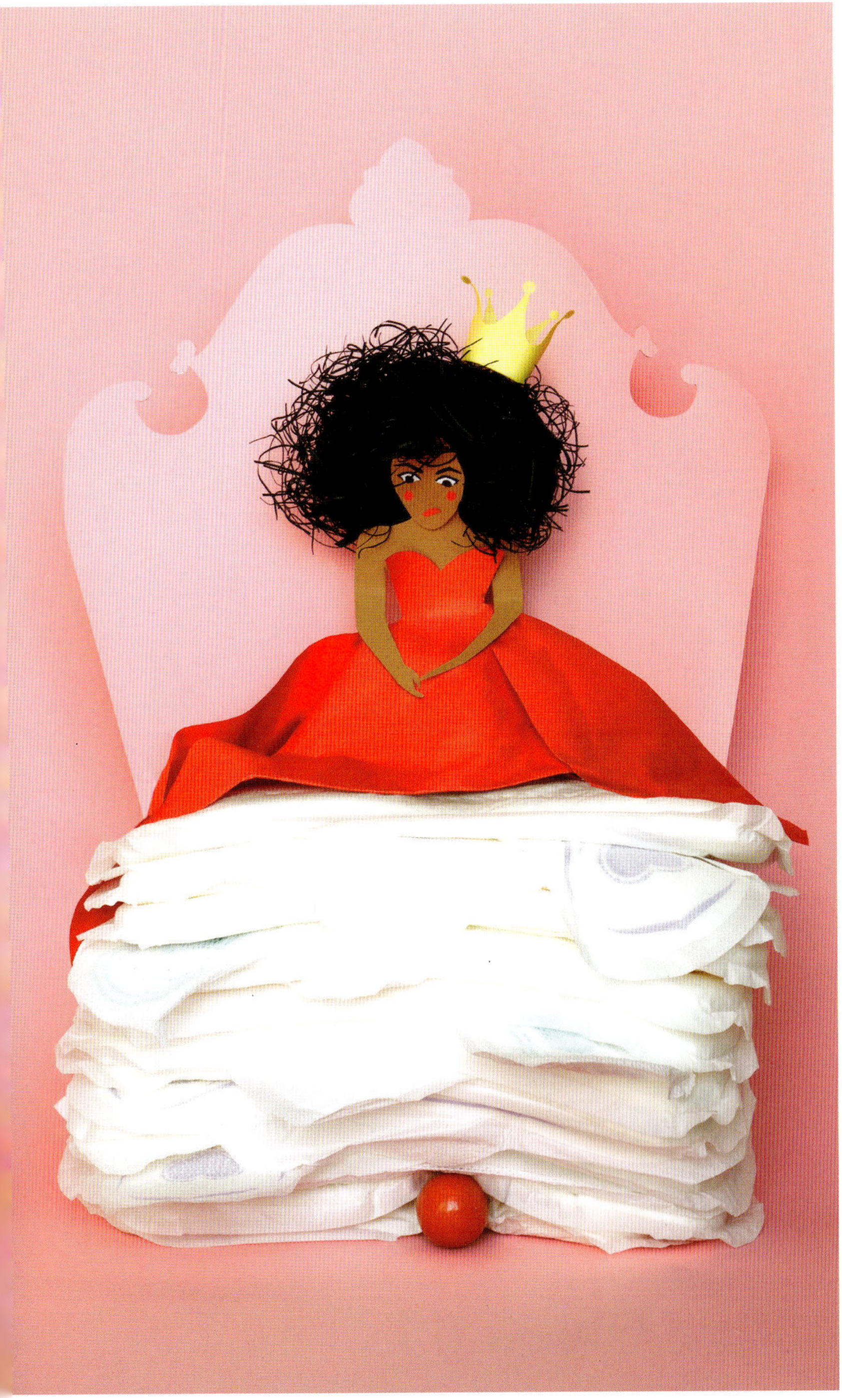

到小腹有一种隐隐的疼痛。这感觉太奇怪了，我无法让它停止，也不能把它赶走，好像我的身体已经完全不听我指挥了。我坐在马桶上，拼命思考着掩盖这个新情况的好办法。我不想让所有人都知道我身体里发生的事，我想先独自面对。但那时候，我心里一点底也没有：到底会流多少血？我是不是整晚都得坐在马桶上？没办法，我只得找妈妈了。我在内裤里垫上了厚厚一叠卫生纸，歪歪扭扭地走了出去。妈妈正在和朋友们聊天，我在走廊里小声叫她。她看了我一眼，没明白我是什么意思。我说："妈妈！你出来一下。现在就出来！"结果所有人都安静下来看着我，这让我越发尴尬了。妈妈一边跟着我大步走向卫生间，一边问我出了什么事。我告诉她我来月经了。她说："哇——哦！"她的声音太大了，让我尴尬极了！然后她问我是否确定。我给她看了我的内裤，然后她说："好的，别担心，我很快回来。"她去了商店，买回来一大包卫生巾。然后她教我该怎么做，还提醒我应该在内裤里放两个卫生巾，这样晚上睡觉的时候，万一量很大，也不容易发生侧漏。两个？！这玩意儿一个就已经让我感觉巨大无比了！我还记得自己当时心想："天哪！我的人生怎么成了这样！"

这就是我的第一次月经，让我永生难忘。刚开始，我感觉特别奇怪和不适应。来月经之前，我觉得自己和一起玩耍的那些小男孩没有什么不同。现在，我和他们不一样了。这是一种奇怪的感觉，就像我一夜之间长大了，而且再也回不到从前。但是这些最初的慌张与胡思乱想终归会消失，你会和我一样感觉越来越好，越来越应对自如：一开始让你感觉无比巨大的卫生棉条和卫生巾会变得越来越轻便小巧，最后你甚至都会忘记它们的存在；那些让你感觉别扭和恐慌的东西，会变得越来越容易预测和掌控。我学会了欣赏自己的身体，相信你也会的。很多女孩的月经周期需要经过好几年，才会逐渐变得有规律。通常情况下，月经总会稳定的，但如果月经量很大，或感觉很痛，你就得咨询医生，获得专业的帮助。

19

掌控你的月经

有人把来月经称作"倒霉了",有人谈论它时总是压低声音说"我来那个了"。好像大家提到月经时,能想到的只是那些被夸大了的负面感受。但是我认为,月经也有令人愉悦的地方。

月经快要来的那几天,我会感觉全身有点肿胀,有点燥热。月经刚来时,我的小肚子会有痉挛式的阵痛,阴道感觉又痒又胀。偶尔我还会感觉到奇怪的刺痛,就像肌肉痉挛一样。痉挛痛很讨厌,但是我很享受抱着热水袋、捧着一杯热茶蜷缩着身体的感觉。我还会觉得全身松散,好像所有的紧张和压力都消失了。到了月经中期,我就会觉得一切都新鲜而又平静,就好像获得了新生。以前我总觉得,身为女孩什么都好,除了月经——它既麻烦又让人不舒服。去哪里都得带着

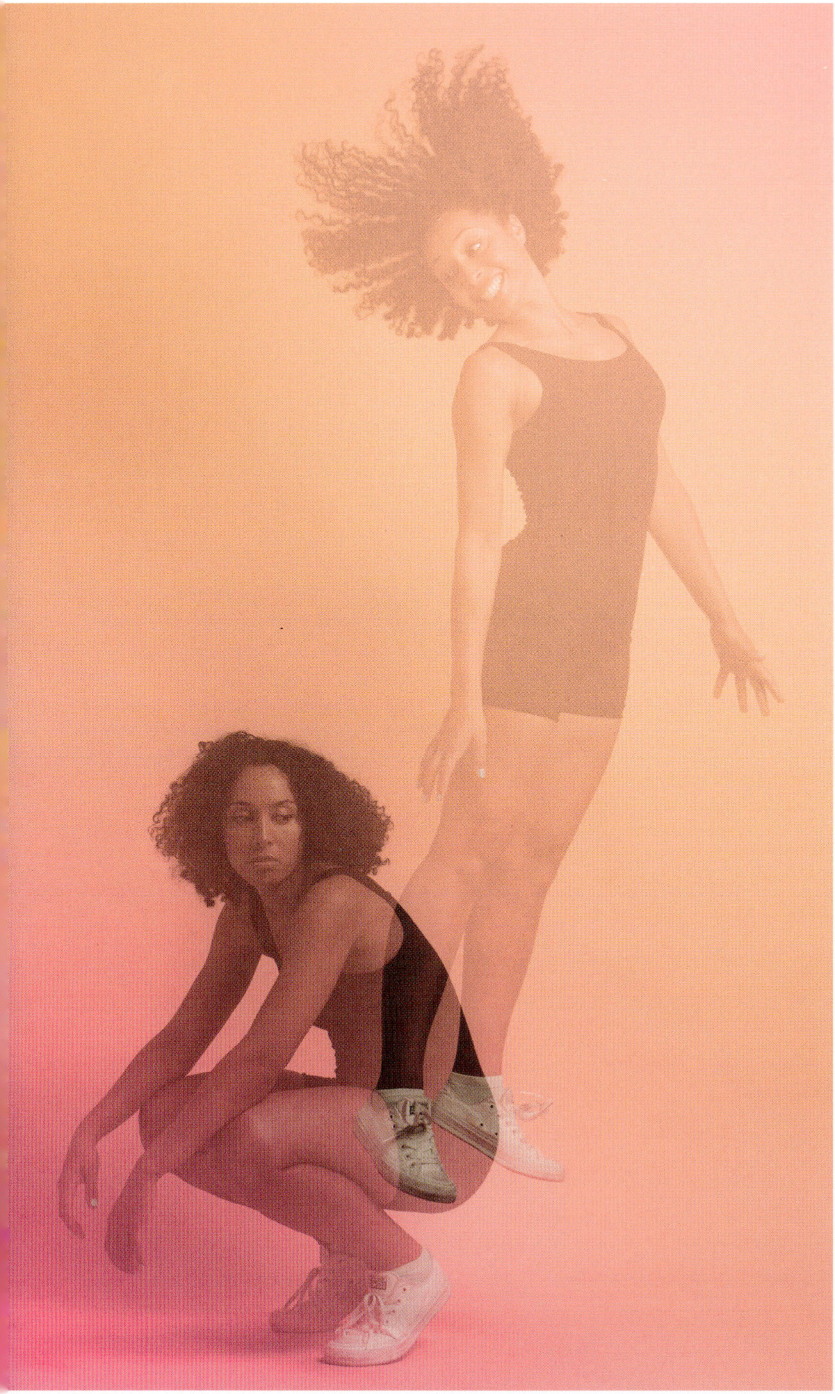

卫生巾，简直太烦了。还有，无论做什么事，都得考虑月经的影响，这真是太不公平了。但是现在，我觉得来月经也是件幸运的事。

在我看来，月经带来的好处之一是：我的感受更丰富了。我的嗅觉、听觉和味觉都变得更加敏感，很多东西的味道都不一样了，更甜了，或者更辣了。我会特别想吃某一种食物，尤其是土豆，我超爱吃土豆。来月经时，我还会变得更有创造力。我通常会在那几天画画、写作，或者搞点儿别的创作，我的内心被带到了一个更有趣的世界。如果感到痉挛痛，我会做一些简单的拉伸运动，出去散散步，或者听听音乐来缓解。听起来都很不错，对吧？来月经时，我还会变得更感性，电视广告都能让我落泪。不过，大哭一场并不意味着痛苦，反而能让人的内心和鼻腔都更舒畅。然后，我就会振作精神，洗把脸，去做该做的事情。

月经让我知道自己的身体运转正常，我喜欢

它每月一次地提醒我关注身体的感受。月经还让我与其他女性有了更紧密的联系——我们都有同样的经历，可以相互对照和分享这种女性专属的独特感受。

　　一开始，月经可能会给你的生活带来许多不便，但只要你能够接纳它，了解它，提前做好安排，你就能够掌控它，让它为你助力。你要学会关注身体的感受，从经历中不断学习。每次月经都是一次机会，让你去探寻什么是对自己身体最有益的。不要被月经所困扰，学会掌控它吧。

20
卫生和健康

很久以前，女性就发明了经期卫生用品。但是经历了漫漫长路之后，我们才终于用上了可以粘贴、具有超强吸水性、包装精致可爱的现代卫生巾。过去，女人们尝试了各种各样"有趣"的方式。最常见的是使用可以清洗的、重复利用的布条，但在某些地方，贫穷的女性却只能靠泥土甚至沙子来吸收经血——这简直太难受了。大约19世纪时，"卫生带"诞生了。它真的就是一条长带子，前面结成环状，后面像皮带一样能缠在腰上。不过它总是很难固定，而且戴着它也不舒服。终于，某位天才想到在垫子的背后附加一个可粘贴的东西——瞧！现代卫生巾诞生了。

随着卫生巾的生产技术不断改进，垫子变得越来越薄，吸收力也越来越强。现在的卫生巾甚

至可以成为内裤裆部的一个衬垫，你只需要穿上它，之后再清洗干净就可以了。

在世界各地，卫生巾都是吸收经血最常用的工具。不过，我月经最初几天的量都比较大，所以我更愿意用卫生棉条。而在量少的那些天，我很高兴能有各种各样不同的选择，我常选择护垫和生理裤。

对了，我还想告诉你，所有的女人都曾有过把卫生纸卷起来救急的经历。这种临时卫生巾总会在你走动的时候往后跑，有时甚至从内裤后面露出来。别在意，我们都遇到过这种事。

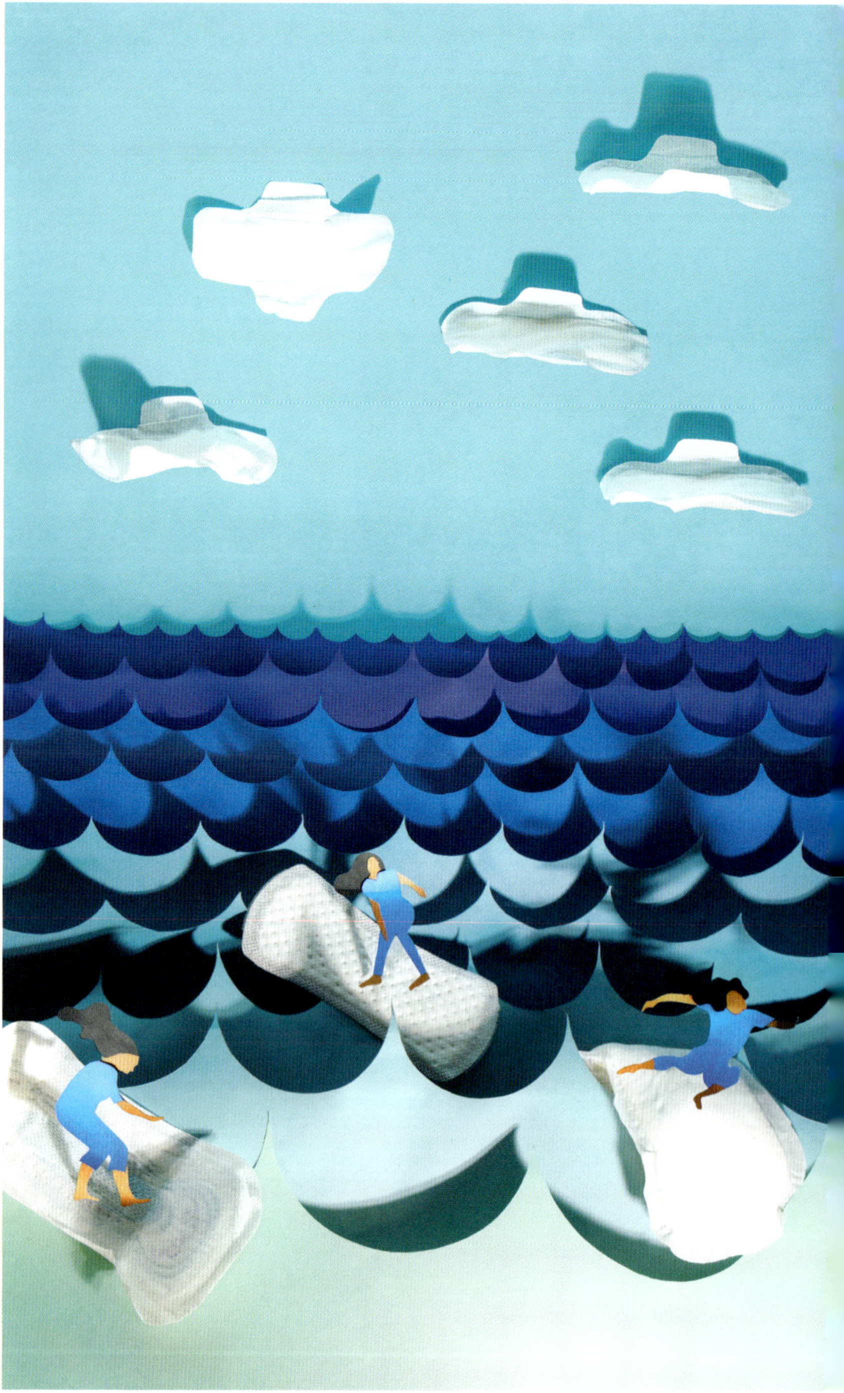

卫生巾备忘录

- 准备1~2个备用卫生巾：我包里的备用卫生巾拯救过我无数次。
- 把它贴在内裤中部（通常是在中间有衬料的位置）。晚上，如果你睡觉时习惯仰卧，可能需要把卫生巾贴在比较靠后的地方（相反，如果你习惯趴着睡或侧卧，则要贴得比较靠前），或者你可以试试更长的夜用卫生巾。
- 要正确地丢弃卫生巾：先用卫生纸或者新拆开的卫生巾的包装把用过的卫生巾包起来，再把它准确无误地扔进垃圾桶，而不是随意乱丢。绝不能把它扔进马桶，否则厕所将会变成汪洋大海。
- 卫生巾要定时更换（卫生棉条和月经杯也是这样）。通常每天要换好几次，具体次数与你的月经量以及卫生巾的吸收能力有关。

优点：	缺点：
• 你能看得清清楚楚，知道什么时候应该更换。 • 上手简单。而使用卫生棉条和月经杯都要经过一定的练习，因此，卫生巾是你月经初潮时最好的选择。	• 会摩擦皮肤，让你觉得不舒服。不像使用卫生棉条或月经杯时可以完全忘记自己来月经了。 • 不能游泳——我很喜欢游泳。 • 有时候，卫生巾的背胶会粘住阴毛，很痛。

21
搞定卫生棉条

以前我一直以为，卫生棉条与卫生巾的区别就是：前者更长，而且不用粘在内裤上；后来我发现它居然是要放进身体里面的，我吓坏了！我完全不能接受，这太麻烦、太脏、太恶心了！后来我来月经时，先尝试了卫生巾，但是完全搞不定——总是侧漏，而且我觉得裤子里像是塞了一个巨大的浮板。所以，我花了一个下午的时间练习把卫生棉条放进身体，然后再试着取出来。刚开始，我只是把它刚好放进去，我不知道其实应该再往里推一点。我总是担心放进去就取不出来了。但是，这样实在是太不舒服了，当我站起来走动时，我就会感觉到它在身体里磨来磨去，这太可怕了！后来我终于明白，如果把卫生棉条推得再深一些，反而就感觉不到它的存在了；即使

不小心把卫生棉条塞得太深了，也总是能取出来的，只要你细心和灵巧一些。这太好了！很高兴我学会了使用卫生棉条，我又可以游泳、跑步和跳跃了！我什么事都可以做了！

  一个有趣的事实：尽管这些年来，女性在争取自身权益方面有了很大的进步，但仍然有"卫生棉条税"这类税收的存在，这提醒我们还要继续努力。卫生棉条（以及包括卫生巾和月经杯在内的其他卫生用品）被政府归类为奢侈品。换句话说，这些东西被认为是你想要的而非必需品，所以你要为此缴纳更多的税。凭什么说卫生用品不是必需品？这让我非常愤怒！关于这个话题，人们有过很多争论，但截至我写这本书的时候，女性仍然要为月经花费更多的钱，这真是令人难以置信。

卫生棉条备忘录

- 不要让它在身体里放置太长时间。阅读包装上的说明，确保你使用了尺码合适的卫生棉条。你可能会对卫生棉条过敏（但是这种可能性非常小），这种情况被称为"中毒性休克综合征"。

- 尽量购买成分天然的卫生棉条。有些卫生棉条除了使用纯棉之外，还添加了其他成分。别忘了阅读说明书，并咨询相关人士。

- 在包里放几个备用品。你很容易就能把它们藏好，不至于在拿公交卡的时候掉得到处都是。你可以找一个可爱的小盒子，或者小化妆包来装它们。

- 帮助其他姐妹。我被其他女孩的备用卫生棉条拯救过很多次。尤其是刚来月经的时候，你很难找到规律，无法提前准备。

- 别扔进马桶！和处理用过的卫生巾一样，你得把用过的卫生棉条扔进垃圾桶。

优点：	缺点：
● 你可以游泳。	● 不及时更换可能会发生泄漏，弄脏内裤。
● 卫生棉条和卫生巾不同，只要使用方法得当，你完全感觉不到它的存在。	● 需要经过练习才能熟练使用。
	● 月经量太少时，取出来会有摩擦感。
● 很小，携带方便。	● 你可能会因过敏而患上"中毒性休克综合征"。若有不适，请立刻停用并咨询医生。

22

月亮杯

因为著名的月经杯品牌"月亮杯"(Moon Cups)的缘故,月经杯也被称为"月亮杯"。它不像卫生棉条和卫生巾那样为人们所熟知,但它凭借其可以重复使用、更加环保的特点而越来越流行。月经杯由乳胶制成,体积很小。你可以将它对折,放入阴道中,然后它会弹开,撑住阴道壁。这样经血就会流进杯子里,而不是像卫生棉条一样吸收经血。如果需要更换,你可以捏住末端将它取出来,再把经血倒进马桶(经血会在白瓷上形成美丽的纹样),然后冲洗干净,再放回阴道中。你需要经过练习才能熟练使用月经杯,网上能找到很多教程。一旦掌握了使用方法,那么和你的月经杯在一起,你就哪儿都能去,什么事都可以做了。

月经杯备忘录

- 找到适合你的尺寸。我试用的第一个月经杯太大了,让我觉得很不舒服。你可能需要多试几个牌子。

- 尽管它能容纳的经血量是卫生棉条的三倍,你也需要每隔4~6个小时将它倒空。使用时要确保双手干净。

- 经期卫生用品中,月经杯应该是最厚的一种。所以在使用前务必仔细阅读使用说明,也可以和有经验的人多多交流使用心得。

- 仔细阅读月经杯清洗说明。

优点:

- 只需购买一次,所以特别环保。你再也不会因为卫生棉条、卫生巾用完了而急急忙忙去商店救急了。
- 因为它能承受较大的月经量,所以每次使用的时间比卫生棉条长一点。而且它和卫生棉条一样,让你完全感觉不到它的存在。一整天你都可以把来月经这件事抛在脑后。
- 你能看到一切。倒空月经杯的体验很特别,很多女孩用经血创造出了惊人的图案。

缺点:

- 如果月经杯装得太满,可能会弄得一团糟。在熟练使用之前,你需要认真地多练习几次如何取出它。
- 你需要洗手和冲洗月经杯,所以在公共卫生间时就有些麻烦了。小秘诀就是去卫生间时带上一瓶水。
- 刚开始,你可能不熟悉折叠月经杯以及将它塞入身体的方法。你需要反复练习,习惯之后,你一定会喜欢上它的。
- 重复使用的月经杯要清洗干净,否则阴道内容易滋生细菌,造成阴道瘙痒,产生异味,甚至引发炎症。

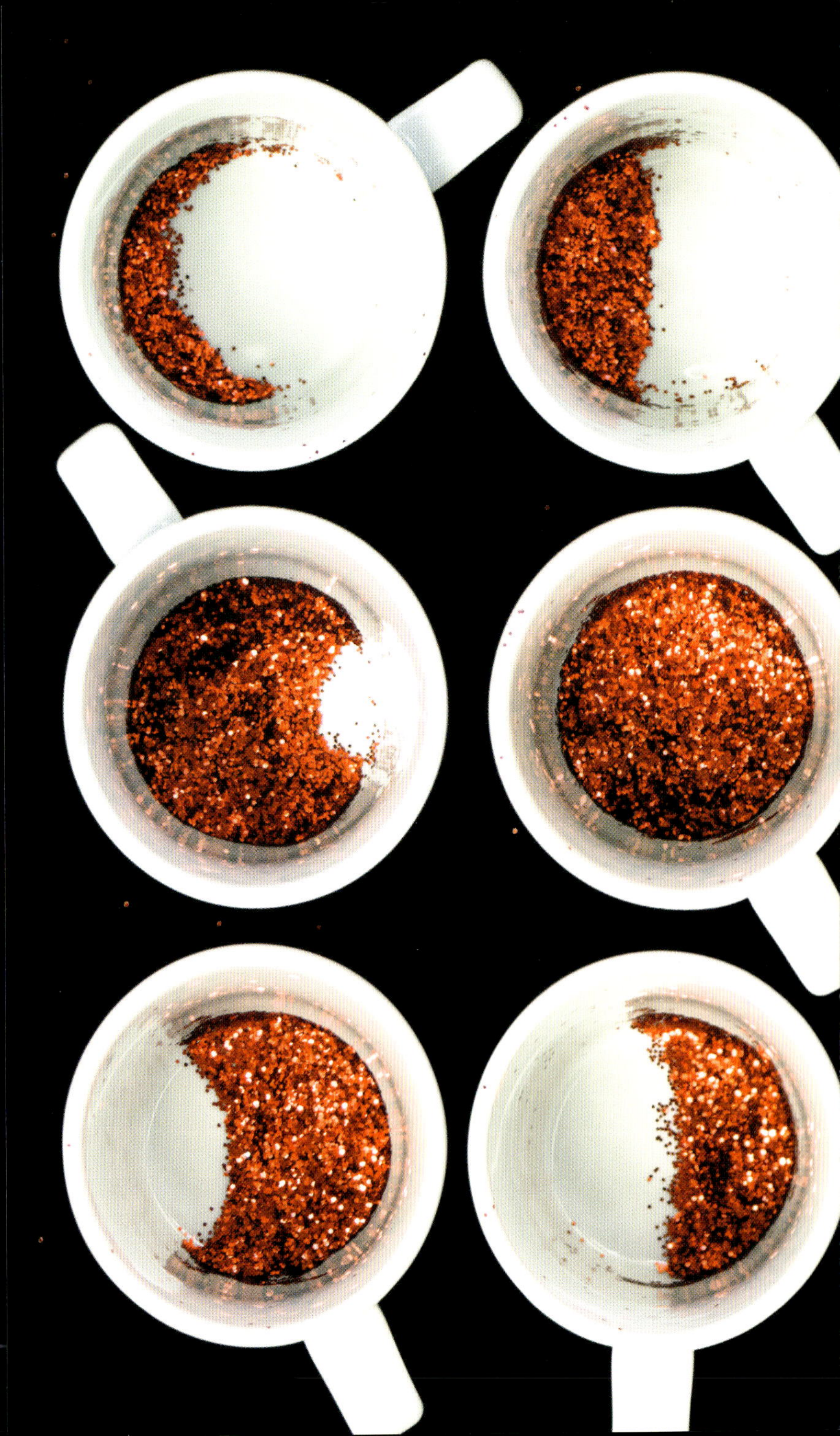

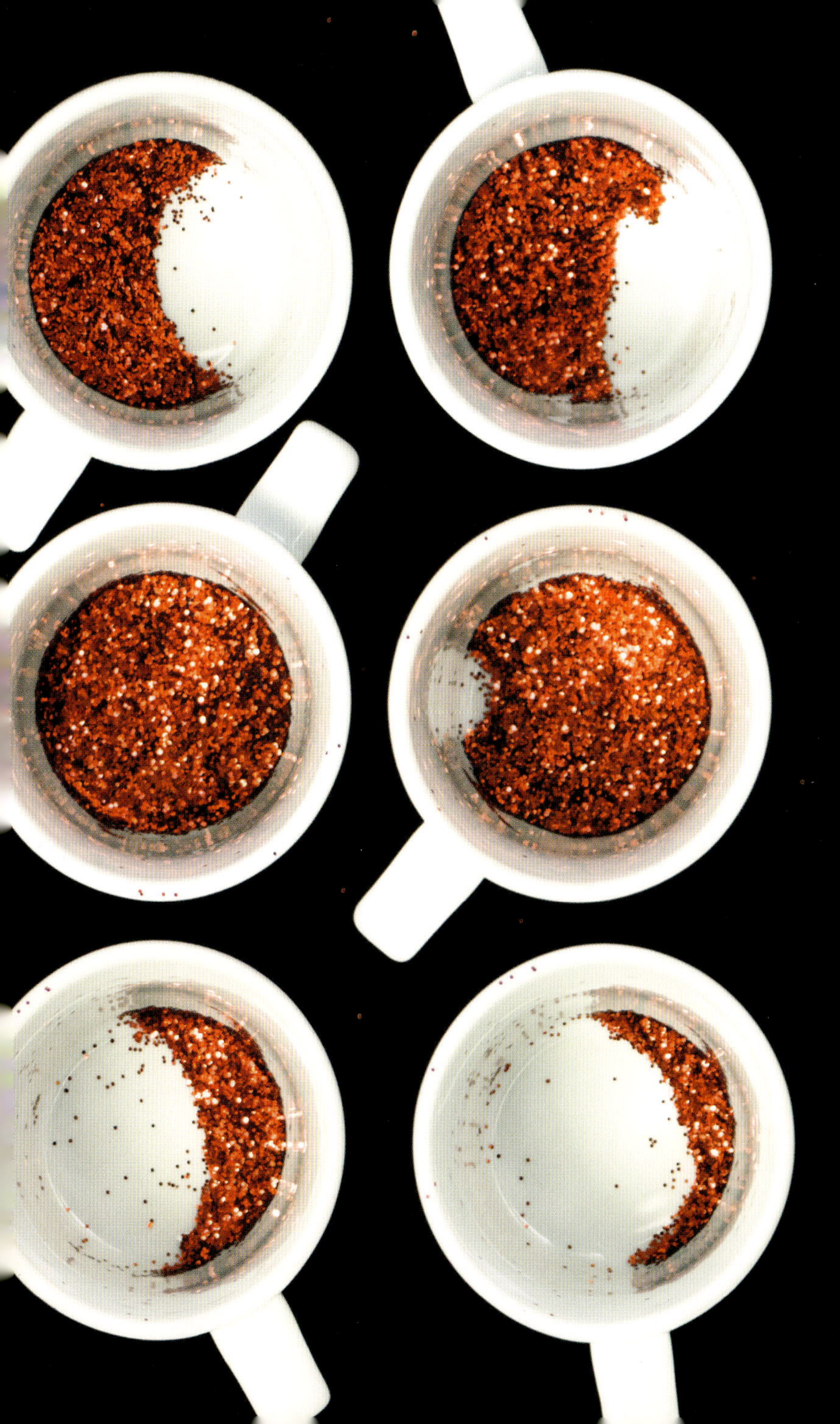

尴尬排行榜 2

23

泄漏事故

刚来月经的时候,我阅读了所有能够找到的关于这个新兴谜题的信息。从中我"学到"了一件事(后来发现这个知识完全没用),就是月经是按照28天的周期轮回的。因此我在日记本上每隔28天就写上一个大大的P(月经的英文为"Period"),认为这样就万事大吉了。几个月后,我们家和另外一家人一起旅行。有很多孩子同行,其中还有个跟我同龄的男孩。度过了愉快的一天之后,大家准备坐车回家。因为孩子们都想坐同一辆车,所以我被挤在了我弟弟和那个与我同龄的男孩中间。突然间,我意识到自己来月经了。我惊恐万

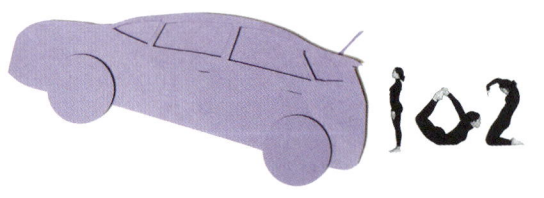

分，因为还有好长一段车程呢，最重要的是，这并不是我应该来月经的日子。早上出发时，我穿了条白色的背带牛仔裤。你能相信居然会遇到这种事吗？我印象中自己当时穿着橘色的扎染T恤。我惊慌失措，拼命掐自己的腿，想阻止任何东西流出来。但不管我多么用力地掐自己的腿，还是能感觉到有东西点点滴滴地在流动。我努力装作什么事都没发生，随他们一起大声笑着。但这样做只会让情况更加糟糕——我每笑一次，就会有更多的经血流出来。我找机会假装随意地看了一眼两腿之间，想确定是不是真的来月经了（你也会这样吧，就像有时候自己感觉好像弄得哪儿都是了，但其实只在内裤上有个小点点）。天哪！鲜红的经血已经渗透了我的雪白的背带裤！然后，我又有了另一个恐怖的念头——座位也被弄脏了吗？座位上会不会被弄得到处都是污渍？有血腥味吗？我觉得难堪极了。一定会被那个男孩看见吧？这个想法把我吓坏了，感觉好像自己的一切都被暴露了，而且还很恶心。我唯一能想到的办法就是：等到家了，我必须紧紧地夹着双腿，径直走回自己的房间。终于到家了，我必须比男孩先下车。于是我采取了一种像鸽子一样奇怪的姿态，用力收臀，我觉得只有这样才能避免被男孩们看到，但并不确定这样是不是管用。我终于安全地回到了自己的房间。但麻烦还没完，还有清洁工作。我那漂亮的白色背带裤还能洗干净吗？我想尽办法，试图搞明白到底该用冷水洗还是热水洗（友情提示：应该用冷水），我在盆里加了各种各样的洗涤剂。然后，我把我那倒霉的裤子放进洗衣机，祈祷能出现奇迹。但是，它再也无法恢复原样了。

和那条裤子一样永远带着污点的，还有我对那天的记忆，以及我对自己的"月经日历"的信

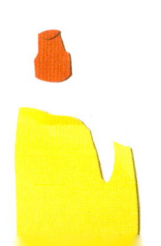

心。在那一刹那，我想起了人们说的"女人的麻烦"，大家说的没错，我感到很绝望。

不过，值得庆幸的是，现在有月经APP了，它能让我比较准确地知道月经什么时候来。我也知道了这个日期提前或者推迟几天，都是很正常的事。而且，压力或者旅行之类的事情都会打乱月经周期。后来，我又遇到了一次这样的事情，而且，你能相信吗？那天我又穿了白色牛仔裤！当时我走了很远的路去买午餐，刚进商店，我就意识到自己来月经了。我确信自己不会马上流很多血，因为那时我长大了，已经成熟了，对自己的身体也更加了解了。所以我按计划买了午餐，又一路走回了剧院。晚上我在那里有场演出。但是，当走进卫生间时，我发现自己遭遇了和二十年前一模一样的情况。唯一的区别是，这一次我没那么尴尬，而且，很幸运，我有衣服可以换。

吸气

呼气

24

上一代人

我在13岁左右时，开始觉得父母很烦人。不管他们对我说什么，我都不爱听。这种感觉持续了好几年。不过，现在妈妈是我最好的朋友。我特别愿意跟她聊天，总是兴奋地告诉她我正在做什么。而她也总是会认真听我说，这让我十分感激。做母亲真是特别忙碌，特别不容易，我不知道她是如何做到的。她放弃了自己所有的时间去照顾家人，这让我十分叹服，我永远对此心怀感激。但有那么一阵子，我觉得她太无趣了，一点也不酷，我对她说的任何事都不感兴趣。如果父母（或者其他照顾你的人）不顾你的意愿，插手干预一切，那太令人讨厌了。他们让你在朋友面前没面子，他们对音乐完全没有品位，而且无法理解一双品牌运动鞋凭什么比没牌子的廉价鞋

要好上几万倍……但是别忘了，他们也曾经历过这一切。他们也曾年轻过，也有过校园的青葱岁月，而从那些经历中，他们积累了很棒的经验。当父母把这些经验教给你时，就是一个与他们沟通交流的好机会。当我想要了解与身体有关的任何问题时，我妈妈就是我最丰富的信息资源。任何问题都可以问她，她总能告诉我一个她曾经经历过的，与我现在的感受十分相似的故事。事实上，服装趋势、音乐潮流、科学技术也许会改变，但人们的经历总是相似的。

无论我和妈妈之间发生过什么事，有些甚至是令我尴尬的事，在我内心深处，我知道她是最棒的。妈妈把我带到这个世界，给了我生存的机会。这是永远都不会改变的事实，我由衷地感谢她。所以，给长辈一个机会吧，我向你保证，他们正在尽力而为。

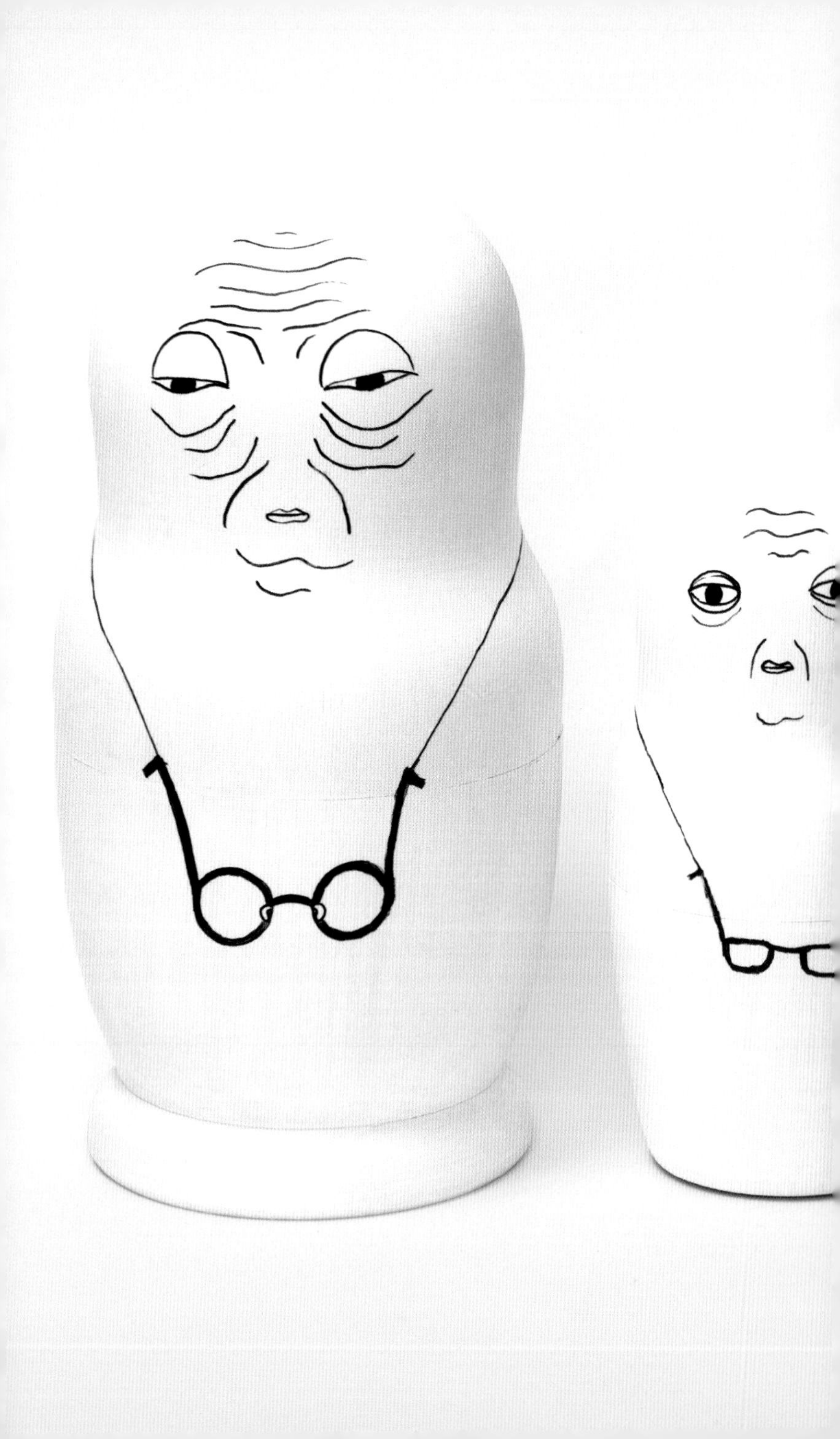

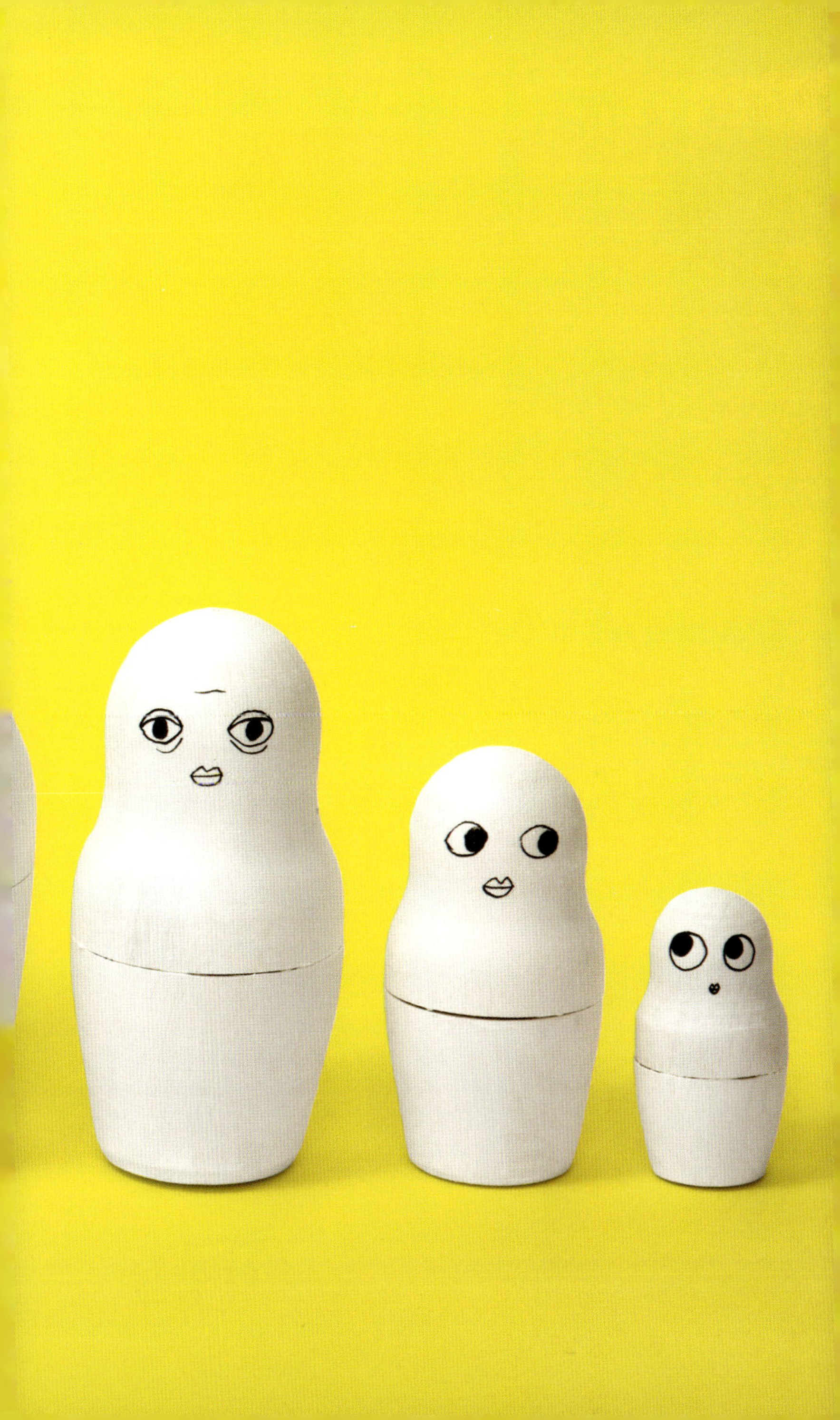

世界上再也没有什么样的感情，

比两位

女性间的

姐妹情更

亲密了。

——Warsan Shire（华沙·希雷，英国女作家）

25

虚拟的美丽

• • • • •

化妆特别好玩儿。我对化妆的热衷程度，不亚于职业的歌舞演员。通过化妆，你可以尝试各种装扮、各种主题、各种风格，感受在某个特别日子的某种特殊感受。但是，如果把化妆当成了面具，不戴上它你就出不了门，那么你就应该停下来好好想想，自己到底为什么要化妆。你是在试图掩盖自己真正的容貌吗？你是在追求某种不可能达到的目标吗？别忘了，如今修图软件无处不在，无论是那穿着比基尼的完美体形，还是那毫无瑕疵的面容，你可不要认为那都是真实的。我们在网上或者在广告页上看到的任何东西都是被修饰过的，比如被处理得更洁白的牙齿，被修饰得更紧致的皮肤。把自己与杂志上看到的一切相对照，毫无意义。

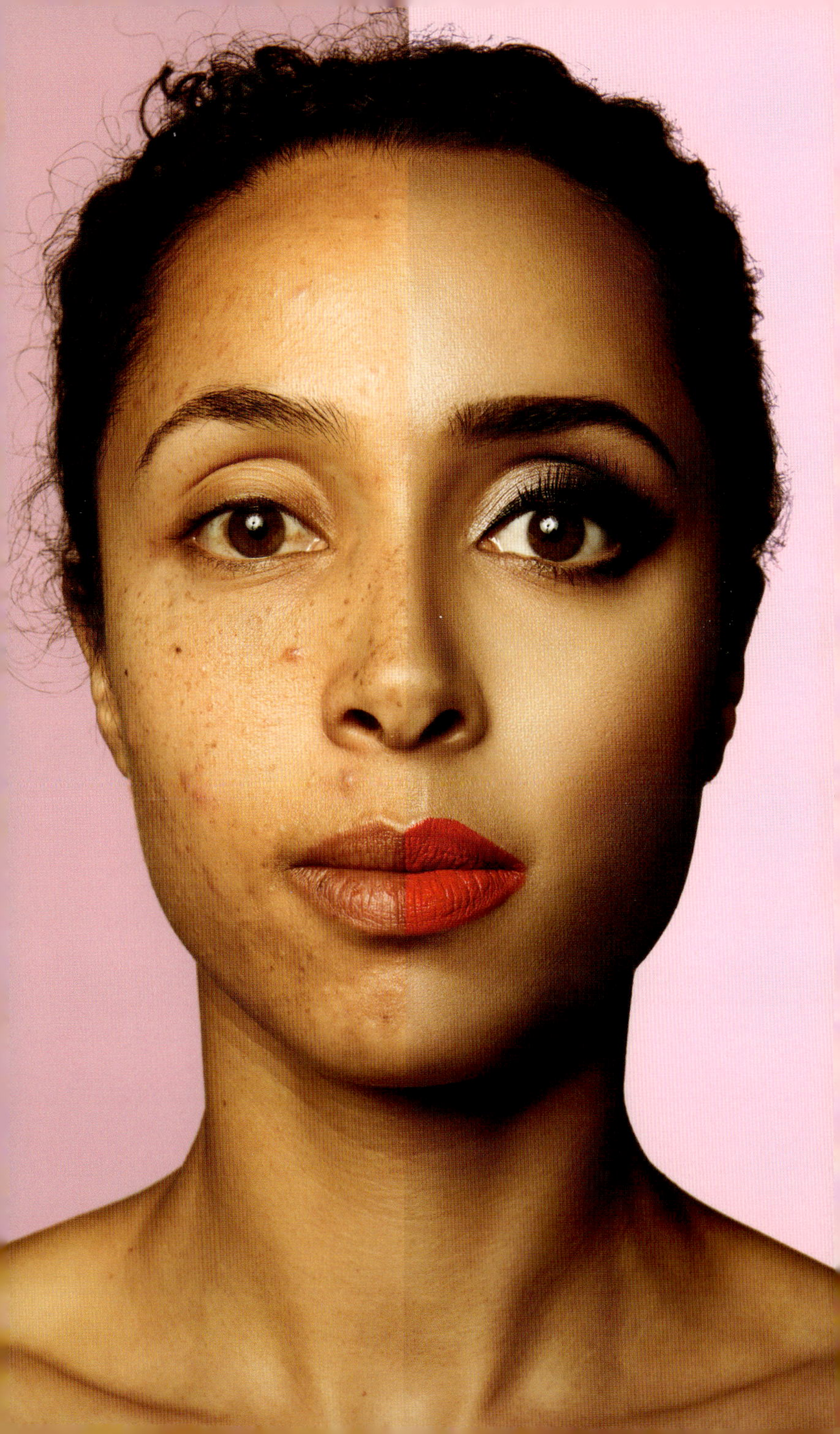

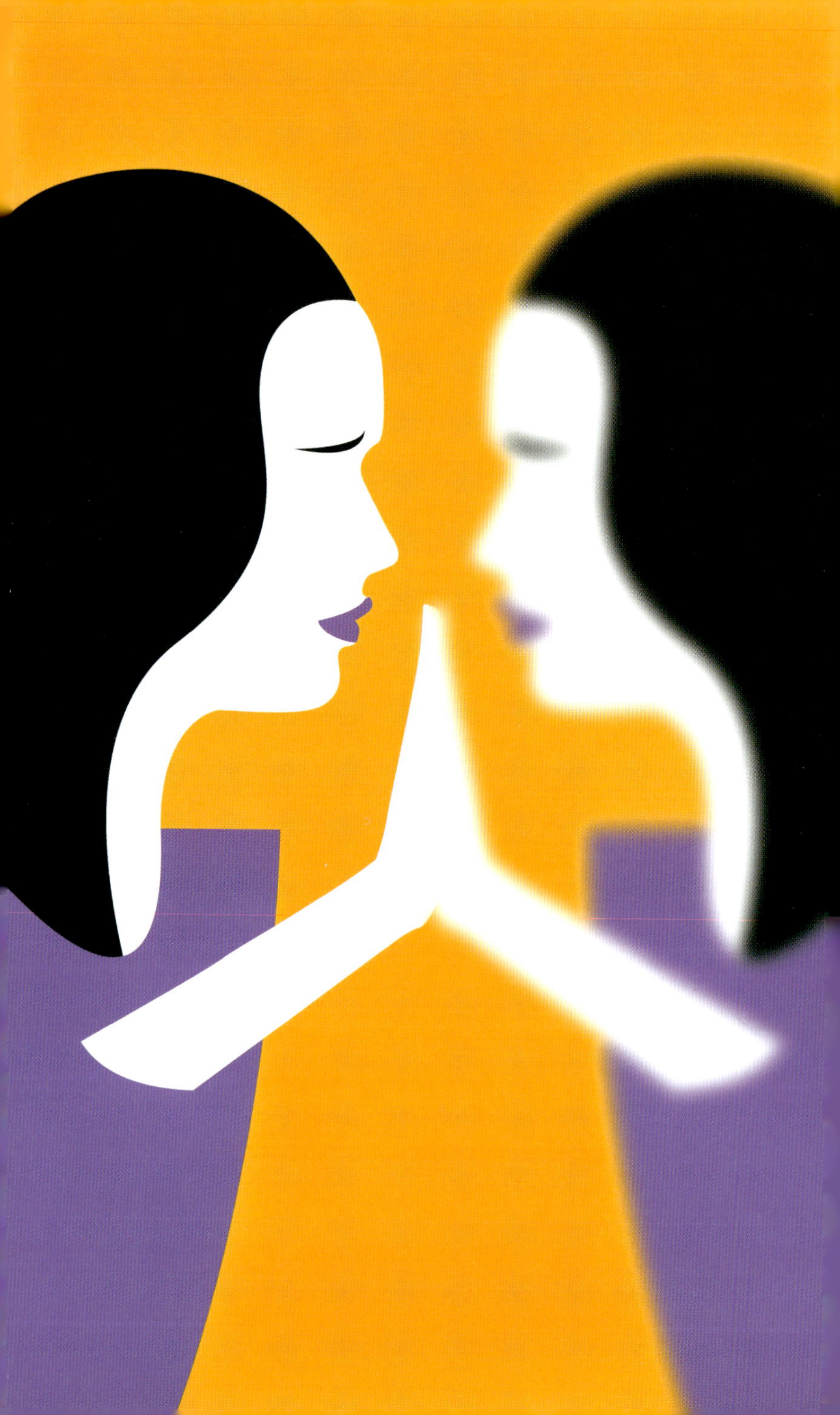

多年来，女性总以杂志、广告牌上的模特儿形象为目标，把自己跟那些她们认为代表"理想状态"和"完美"的人物作比较。但是，那些都不是真实的人，不要和她们比，最好干脆把"比较"这种事从你的生活中赶走。把自己和别人相比，最终肯定让你感觉更糟。我们每个人都是与众不同的，都有各自的美好与可爱之处，这是杂志上那些修过的图体现不出来的。无论你相貌如何，身材怎样，都要拥抱自己，爱自己。要保持皮肤滋润，练习伸展四肢，和自己的身体保持沟通。社会文化和媒体的态度已经跑偏了，我们需要靠自己在现实生活中重新定义"Photoshop"这个词。连护肤品都被冠以"修图效果"这种词汇，实在是太可笑了，不是吗？把所有这些垃圾杂志都扔了吧！爱自己的女孩才是美丽的，请你坚信这一点。

26

滋养你的大脑

你的大脑需要一定的刺激才能保持健康的状态。你要持续地为大脑提供营养，并让它得到锻炼。用什么来滋养你的大脑，这是值得认真思考的事。你不可能指望每日三餐都只吃巧克力，就能保持身体的最佳状态；同样，你也不应该用毫无益处的"垃圾食品"来"喂养"你的大脑。

互联网提供的丰富资源会对大脑产生一定的刺激作用，但是我们使用互联网的方式却可能会变得固化。我们总是只查看同一个文件夹，听同一首歌，玩同一个游戏……做一些改变就能很好地锻炼大脑，从而带给你新的发现和体验。经常试试新网站——当然，要事先得到父母的许可。为你的困惑寻找答案，搜索你感兴趣的人物或事件，寻找与你的兴趣爱好相关的内容。

世界很大很宽广，但我们却往往只会在自己熟悉的那个小圈子里打转。我会特意去听自己通常不会听的音乐，即便最后发现我特别不喜欢它们。我会尽量听完整首歌，看看最后它会给我带来什么样的感受，或者会在我的脑海中形成什么样的画面。有时我会在想象中为自己喜欢的歌曲重新设计MV——音乐是放飞想象力的绝佳方式。

尽管从某种程度上来说，互联网可以让我们足不出户就能到达任何地方，但实际上你仍然只是坐在原地，盯着那一小块屏幕。我们离不开科技，成人也是。但是，打开门走出去，在真实的世界中，你看到的和获得的体验与整天面对电脑的感受截然不同。要对新事物保持开放的心态，即使是那些你觉得特别没意思的事。学一点玩扑克牌的小技巧，读一本你通常不会读的书，或者试着学做一架航模。无论你在哪里，不要停止探索，让你的大脑充满新鲜的想法和挑战，充满美好的图像、声音和色彩。

什么都没有用

起点

终点

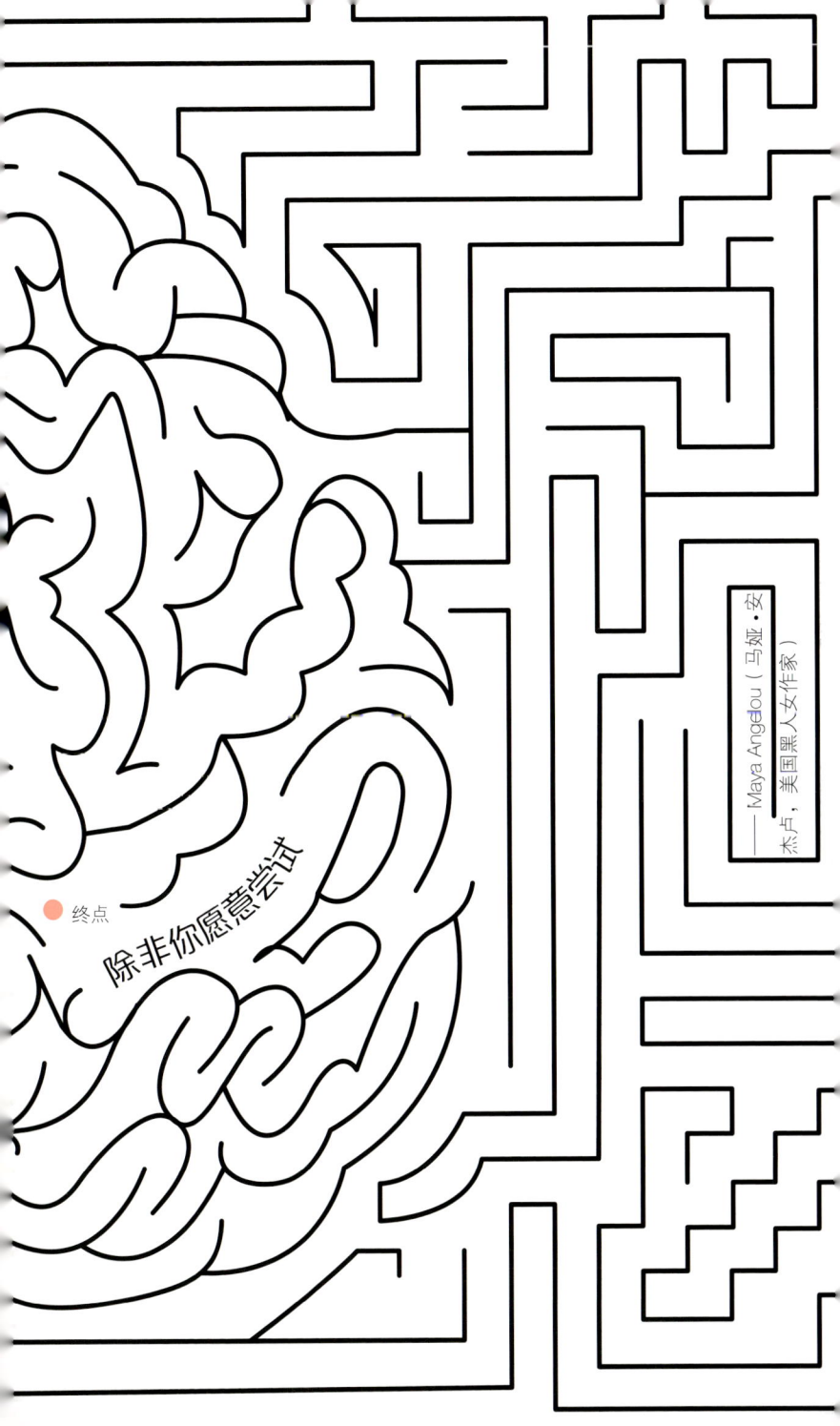

除非你愿意尝试

——Maya Angelou（玛娅·安杰卢，美国黑人女作家）

27

要是

"要是……"是你心里时不时会发出的小小声音，它总是告诉你，要是你的鼻子再小一点，头发更有光泽一点，腿再长一点，那就完美啦。

每个人，在某个时刻，都曾有过想要拥有自己没有的东西的念头。如果事关自己的身体，可能情况就会更复杂。因为这关系到你如何评判自己的价值，以及你认为其他人会如何评判你的价值。"要是……"是一个有毒的念头，它意味着你永远不会对自己感到满意，无论是现在，还是未来。虽然你的腿长得不够长，但是你还拥有许多闪光点。相信我，你要爱自己，你的体形具有最独特的魅力。我小的时候时常会幻想：要是我出生在20世纪50年代就好了，或者生活在别的国家就好了，这样我的体形可能会更合适。但我最

美白霜

富含美白成分，使皮肤呈现亮白莹润的光泽

古铜美黑霜

富含古铜美黑成分，使皮肤呈现健康的古铜色

终意识到：能自在地与自己相处的人才最迷人。虽然"知道"离"做到"的距离还很远，但"知道"很重要。

在世界各地，人们对美的定义多种多样。因此，觉得自己必须达到某种标准才算美丽的想法完全没道理。我经常旅行，看到在某些国家，深色皮肤的女性想拥有白皙的肤色，所以超市里充斥着各种有损身体健康的美白霜；而在另一些国家，白皮肤的女性却冒着患皮肤癌的危险去做太阳灯浴来美黑，或者在沙滩上拼命地晒日光浴，想晒出"健康"的古铜肤色。这真是不可思议！

所以，别再折磨自己了。好好看看自己，想想：你哪里最有优势，你喜欢自己哪些方面，哪些是你从未改变过的特质……你应该为拥有这些而由衷地感到高兴。如果你愿意，可以把想到的这些都写下来。下次当你又一次听见自己说"要是"的时候，拿出来读一读，提醒自己——你拥有那么多超级棒的特点呢！与镜子里的自己击个掌，会心一笑吧！

呃，我的肩膀太宽了。

还这么尖。

我看起来好奇怪。

我觉得自己太胖。

我的腿干吗长这么长?

我觉得自己
像个巨人。

我得弯着点儿腰。

天哪!我看起来
怎么这么胖。

大家都盯着我
圆乎乎的身体看。

看！我的体形多棒！

好有型！

最喜欢这个角度。

我爱我的肚子。

看我的曲线美！

体形太棒了!

我的视野最佳。

与众不同的我。

高个子集合啦!

28

生长纹

· · · · ·

　　你可能会长生长纹，而且，一旦开始长，就一时停不下来。生长纹很烦人，但终究会消退。当你的某个部位在快速生长时，皮肤必须迅速拉伸以适应这种变化，生长纹就是由这种拉伸导致的。我的腿上、屁股上、乳房上都长过生长纹，它们乍一看很恐怖，可能跟皮肤的颜色一致，也可能是粉色或者紫色的。当看到乳房上长满了这种蜘蛛网一样的纹路时，我郁闷极了，觉得自己再也没法穿低领的衣服了。但事实上还是可以穿的，你只需要适应它，别被它影响。现在，有些女孩会专门庆祝自己长生长纹，这样做很好。如果无法避免，那就欣然接受吧。

> 提示：坚持每天抹润肤霜，可以减少生长纹的出现。出现了生长纹也别担心，大部分的生长纹都会随着时间流逝而慢慢消退。

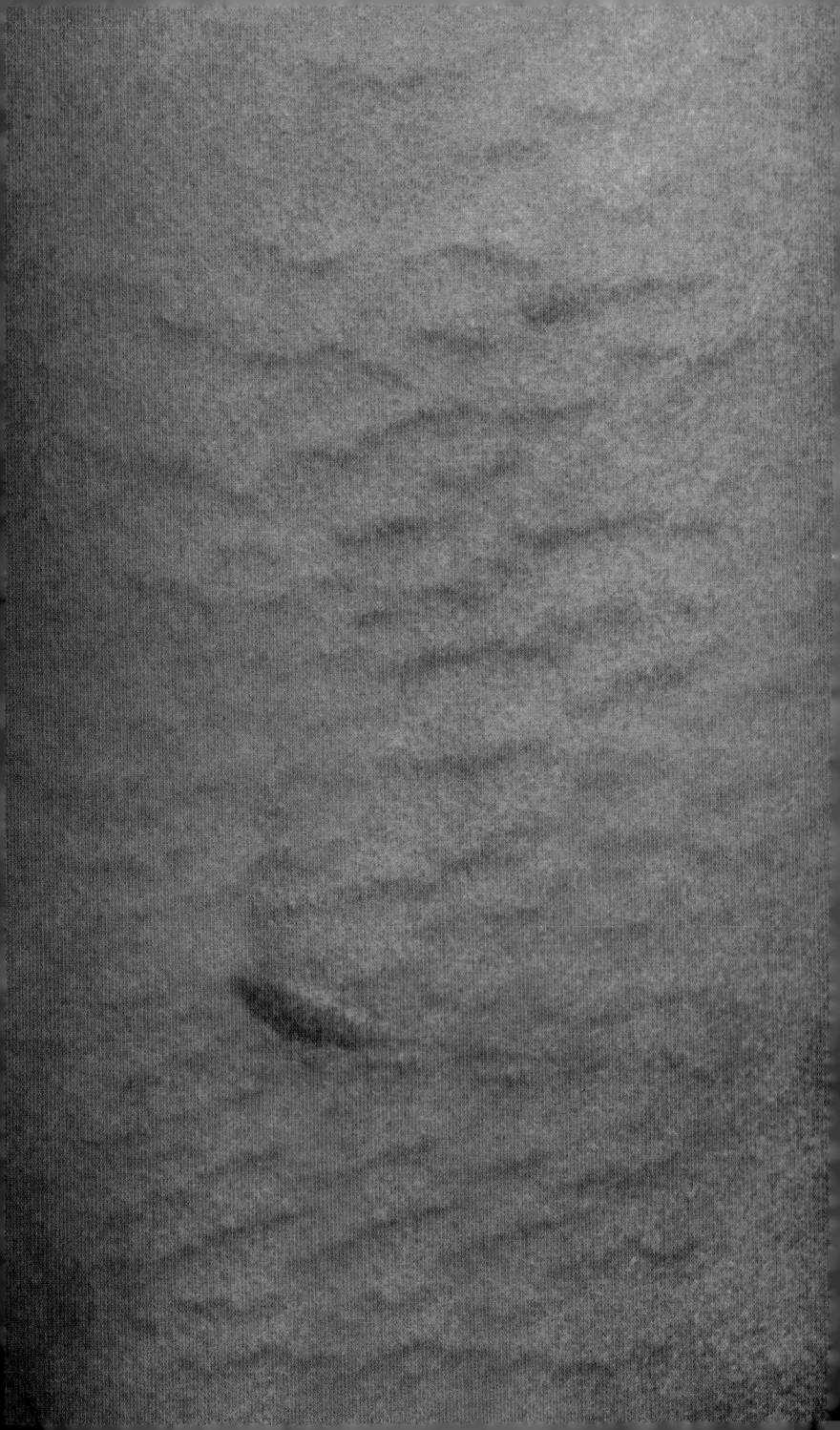

29

毛发走开

如果你不想让身体的某些部位有毛发，我来告诉你怎么办。

修剪

直接把毛发剪掉。这样做仅仅是把长出来的部分剪掉，因为每一根毛发都像植物一样，在皮肤下面有自己的"根"，所以它们还会长出来，而且再长出来的时候会显得更浓密。但是，这是最便宜也最简便的自主解决方案。

剃毛：小心锋利的刀片，千万别弄伤自己。第一次尝试的时候可以从腿部开始，记得先把皮肤弄湿。我第一次剃腿毛的时候没有先把腿弄湿，结果特别痒。剃毛之后，别忘了抹润肤露。

用脱毛膏：选择药店销售的脱毛膏。把脱毛膏直接抹在毛发上，然后毛发就掉了。这个办法迅速且简单。但是，脱毛膏中的化学成分会不会对皮肤有影响呢？我不敢细想。

> **优点**：能够较快地让肌肤变光滑，而且花钱不多。
>
> **缺点**：可能导致红疹，而且几天之后，毛发重新生长时你会觉得硬硬的，痒痒的。

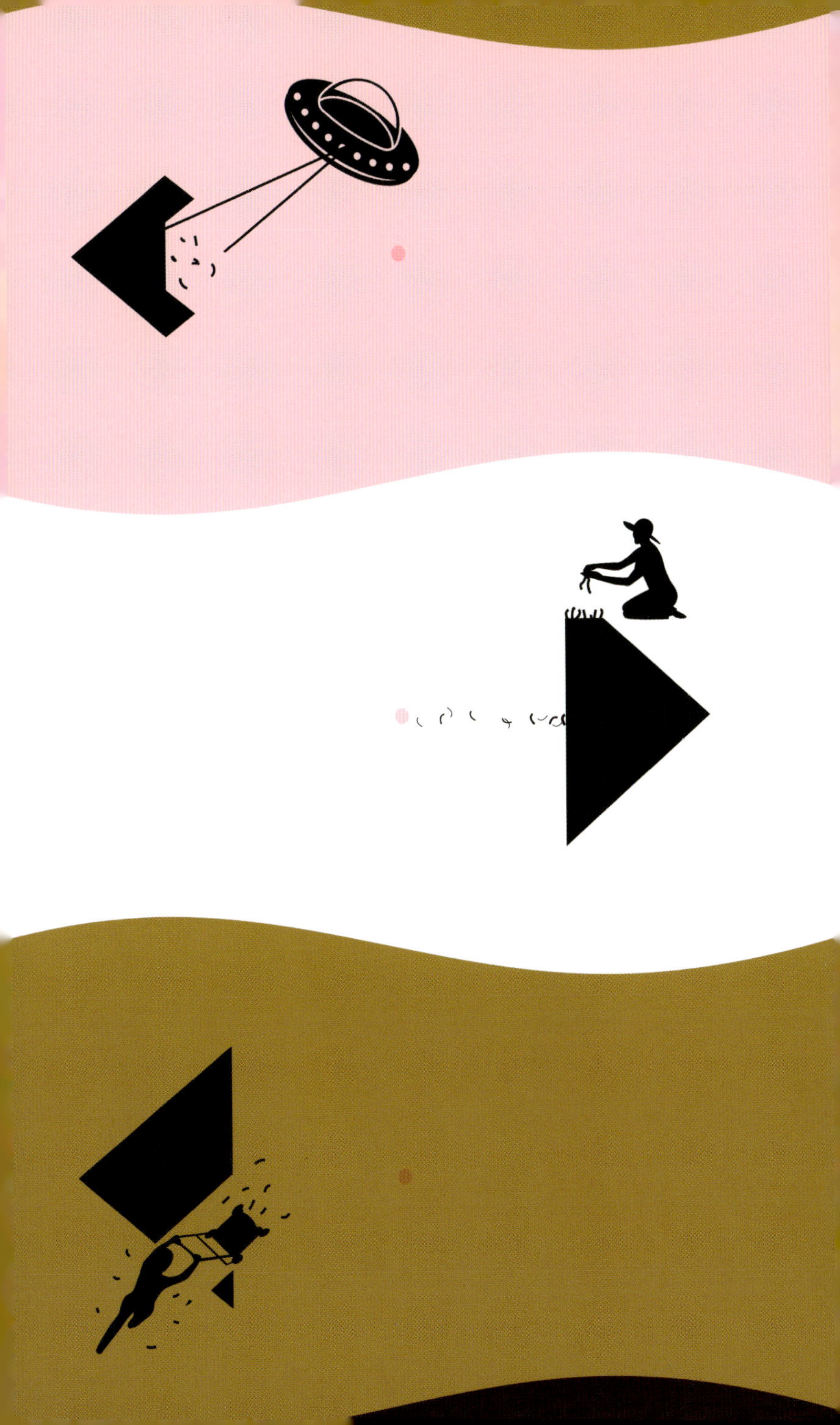

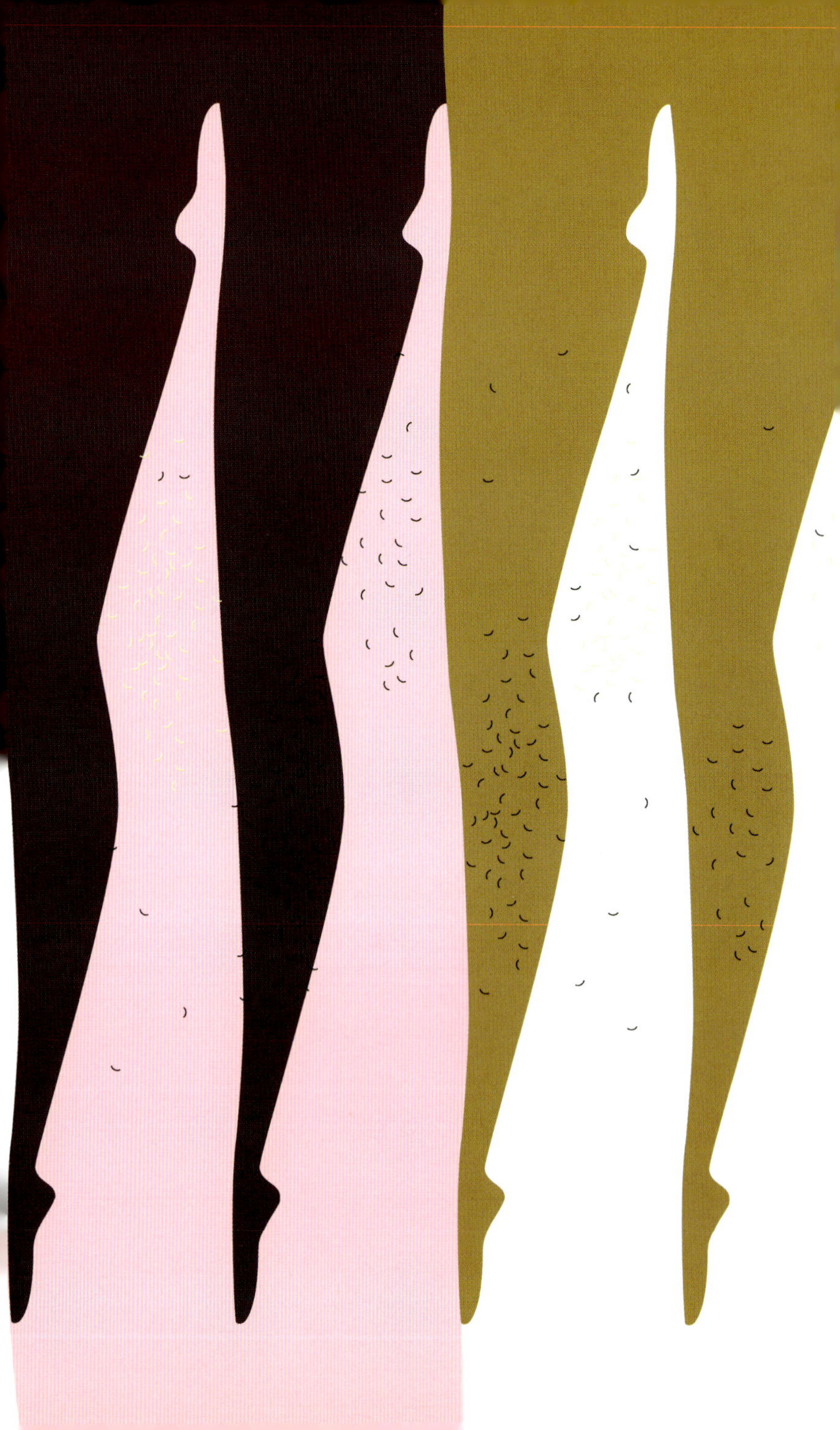

拔毛

对，就像是给鸡拔毛一样，把毛发连根拔起（哎呀！好痛）。这样做的话，当毛发再次生长时，它们就会比较软，不会硬邦邦的。你必须要等到毛发长得足够长了，才能考虑再次拔除。假如遇到周末要开派对，但是毛发却不够长，没法做热蜡脱毛，那也很让人郁闷。

热蜡脱毛：在美容院做比较贵，但在家做又很麻烦。条状蜡纸是最容易操作的，但是要小心别让它碰到家里的任何东西，否则粘在上面的话会很难清除。把一张蜡纸按在皮肤上，然后扯掉，就像扯一大张胶布——呃，想想都痛。

棉线脱毛：美容师将棉线在皮肤上旋转移动，以此拔除毛发。这种方式需要专业人员来操作，不过很多美容院都可以做。

脱毛器：家用的小型机器。将它贴着皮肤移动，旋转的小叶片就会抓住毛发，把它们拔出来。脱毛器的价格和在美容院做一次热蜡脱毛差不多，但是可以反复使用很多年。

优点：能维持两周左右。
缺点：有点痛，有点贵。有时候会导致毛发堵塞在皮肤里长不出来，形成斑点和"鸡皮"状的皮肤。

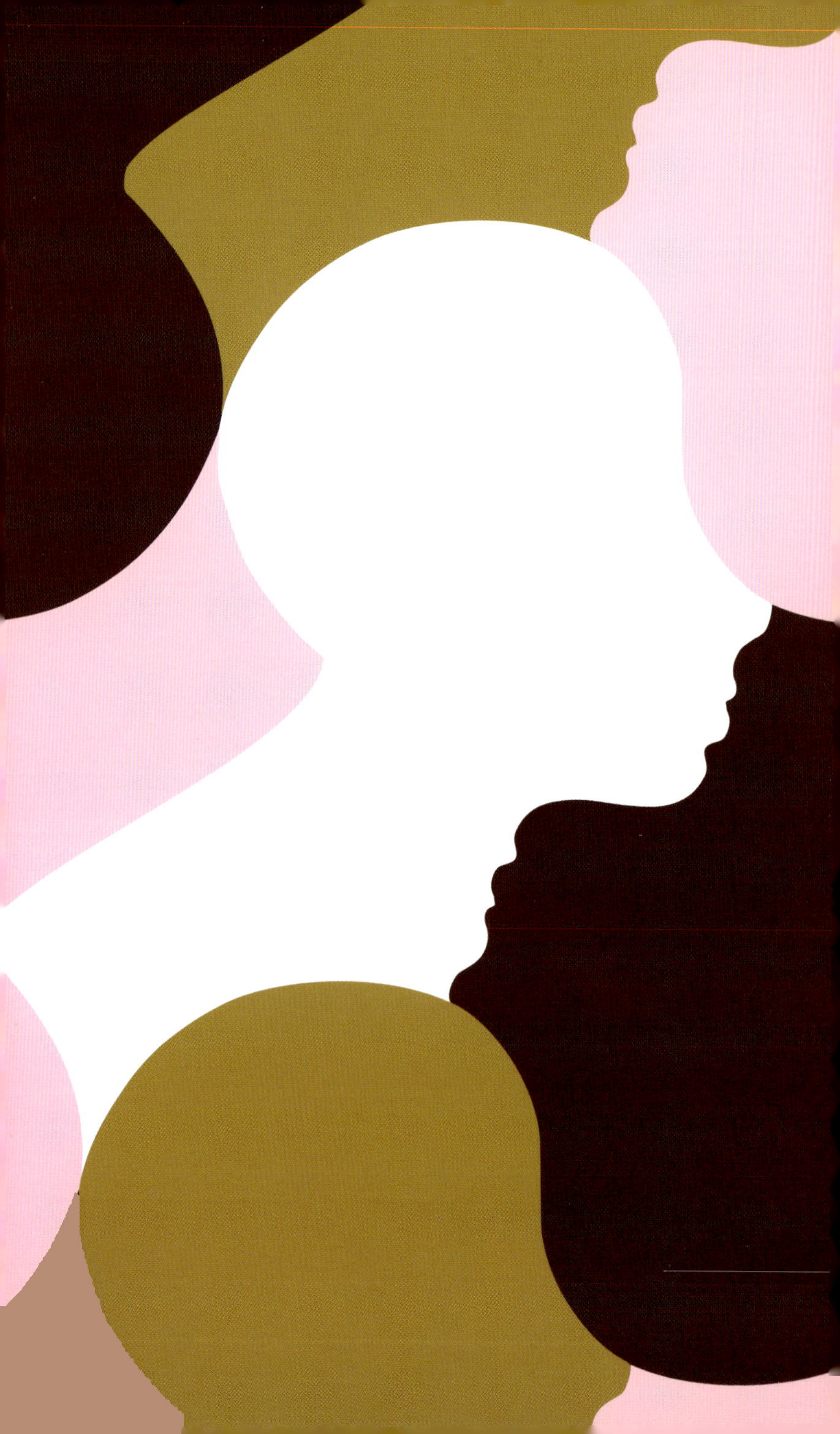

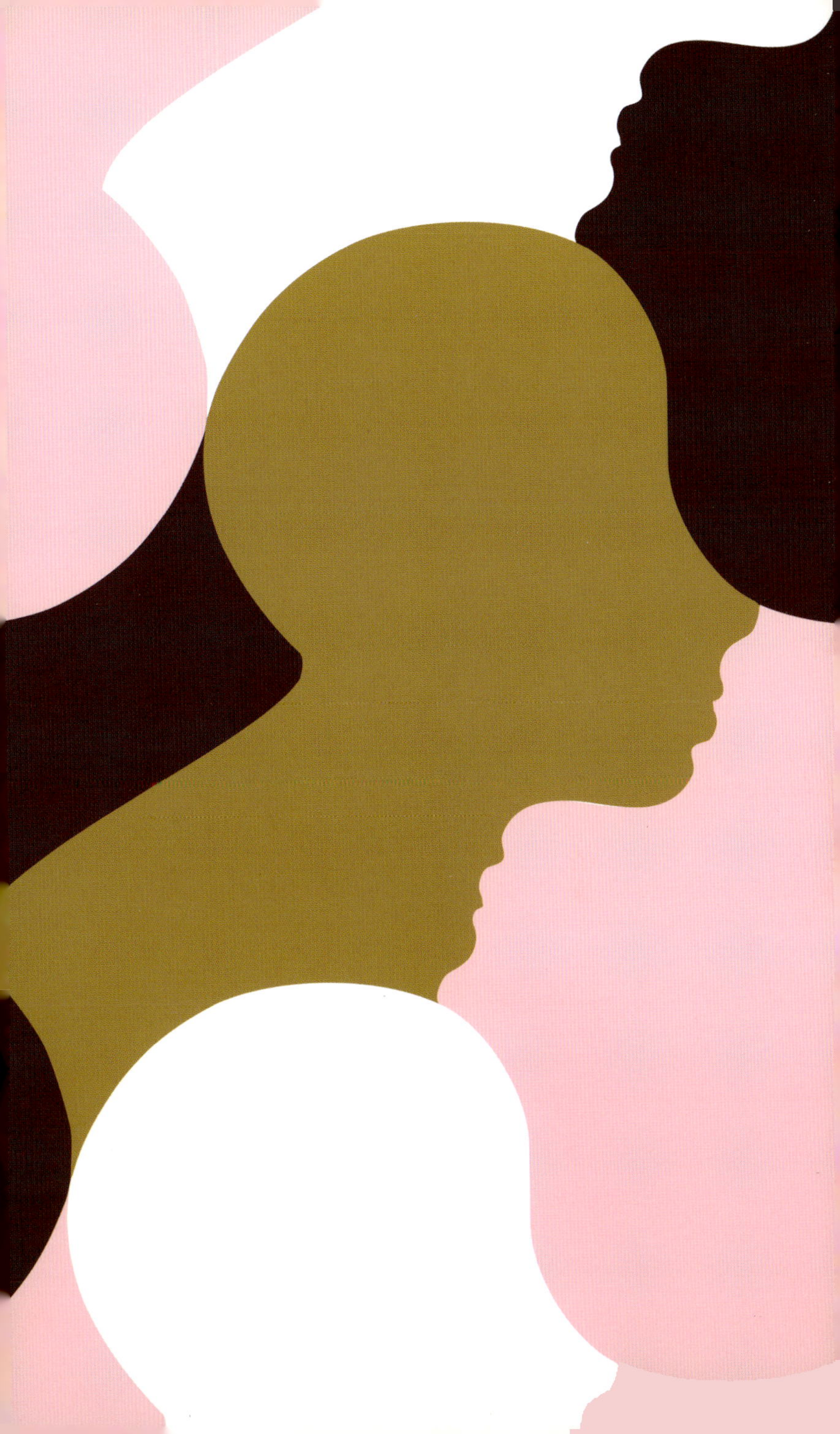

30

"脂肪"这个词，我喜欢

· · · · ·

虽然"脂肪"在媒体上的名声不好，但是你总得有点儿脂肪（哪怕只是一点点），它是生存的必需品。对有些人来说，当身体逐渐呈现出女性的曲线时，体重就会增加。这是先天体质决定的，很正常。总的来说，长胖给我带来的烦恼不算太多。我觉得自己虽然吃得不少，但运动量非常大，所以刚开始发现自己长胖时，我有一点点困惑，担心自己哪里出了问题。其实，变得胖乎乎的并不一定意味着不健康。你在长高，乳房也在发育，所以，体重增加是难免的。你可能会觉得身体有些沉重，而且，如果体重增长得太快，衣服就会立刻变得紧绷绷的。但是，别担心，这一切都意味着你正在成长为一个女人。所以，别

为了大腿变粗而烦恼。脂肪也很不错啊！它们能帮你保暖，让你坐着的时候感觉更舒服些。多多尝试，找到适合自己的、穿起来会感觉很棒的衣服。过一段时间，你就会适应自己的曲线了。也许刚开始你会非常惊讶，毕竟适应新的身体形态可不是件容易的事。但是，放松，别慌张。

有句话说得很好，别让增加的体重把你压趴下。你得扛住，别让"我太累了，太烦了"的心态牵绊住你，不要总是拿"我来月经了"当作借口，不要由着自己吃太多巧克力饼干。这些做法只会让你感觉更糟糕。当然，我们需要时不时地任性一下，但我们也需要坚持锻炼，练好肌肉。刚开始的时候，你会觉得锻炼是件挺烦人的事。我刚开始长胖的时候，非常讨厌跑步。不过，我还是很喜欢蹦床和轮滑。你可以选择适合自己的运动项目，比如网球、瑜伽、橄榄球、太极……都可以。与其试图控制和压抑自己的身体，不如看看身体能配合你做点什么。把注意力放在如何帮助自己的身体上，让它变得更强大。

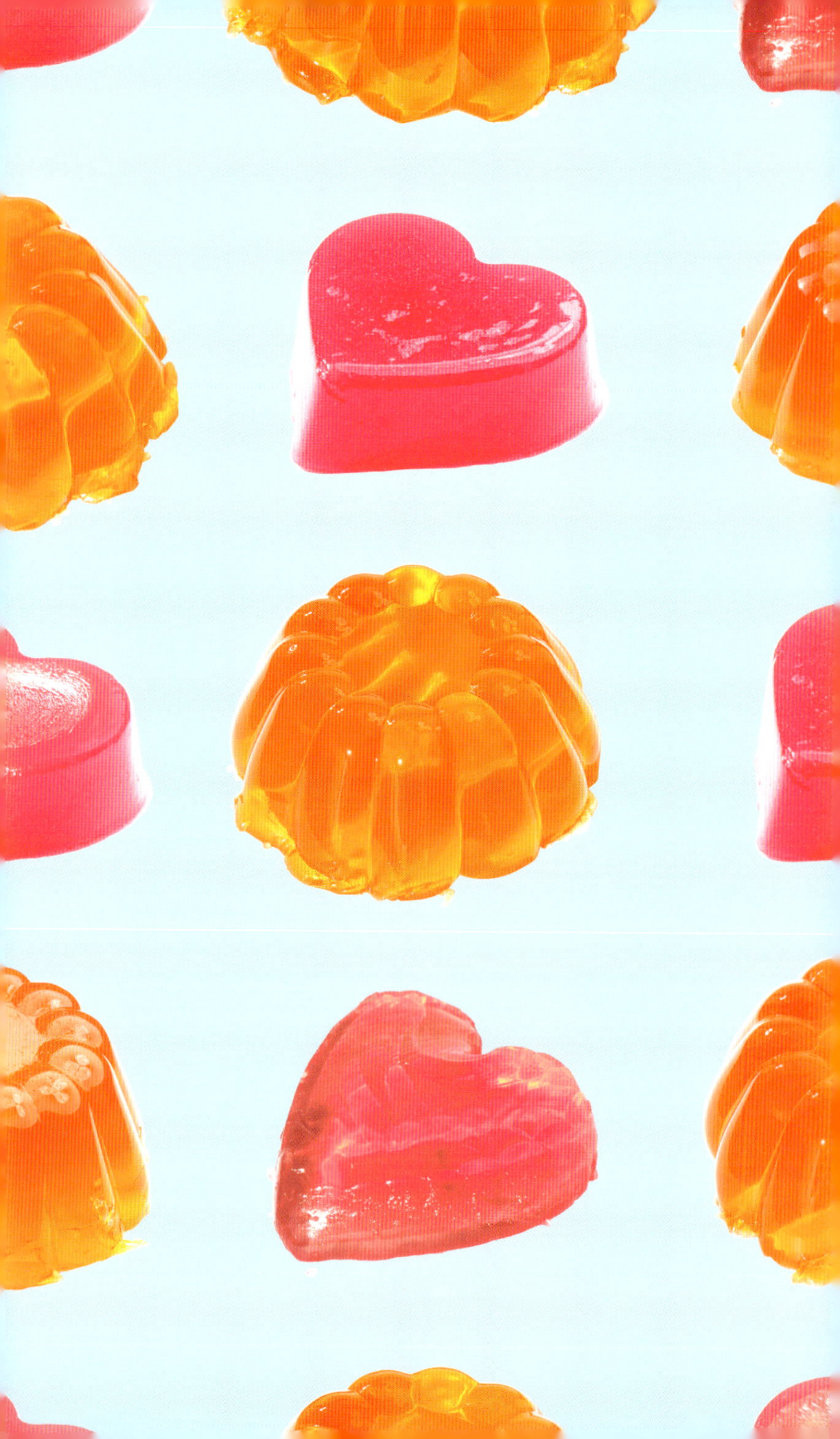

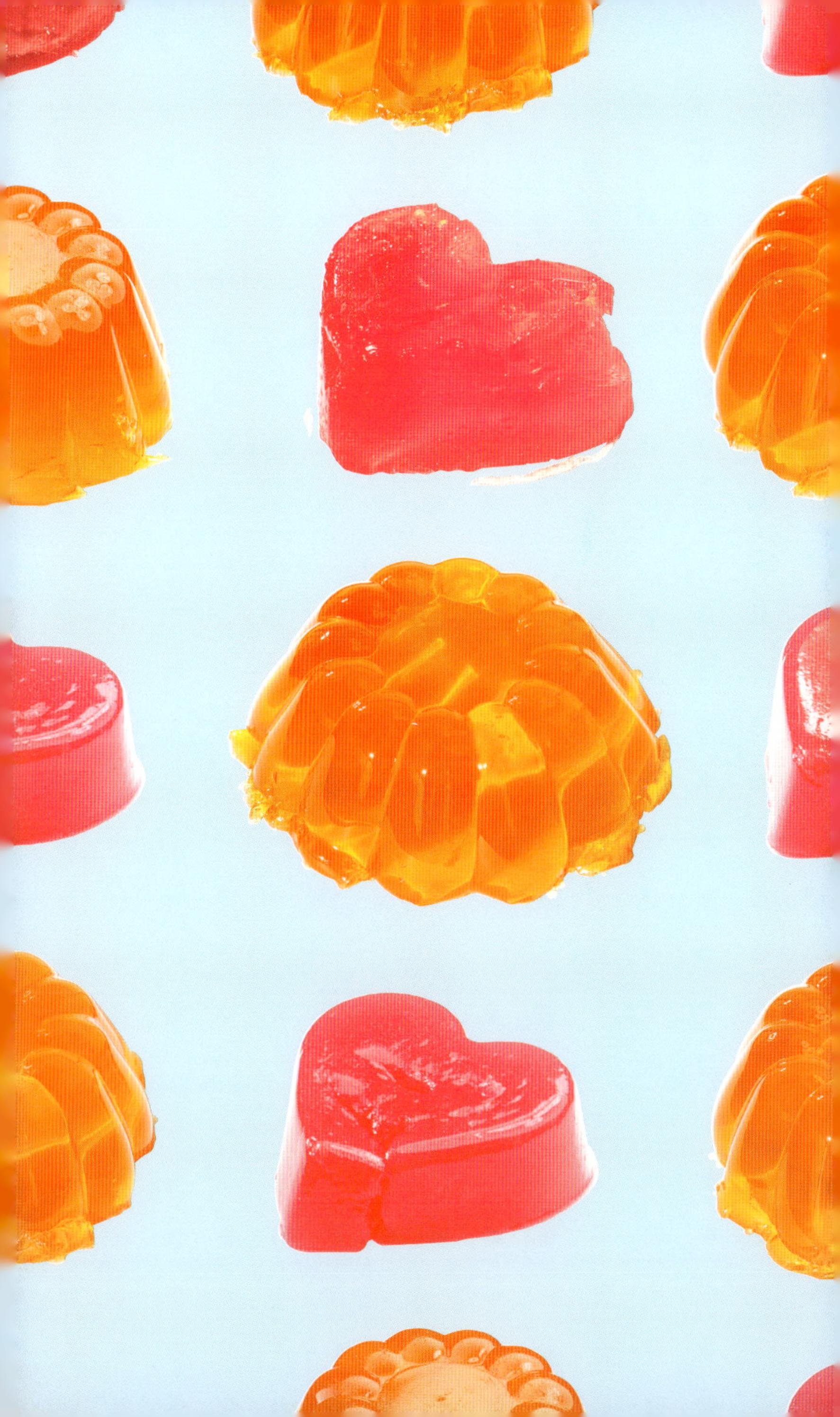

31 请记住

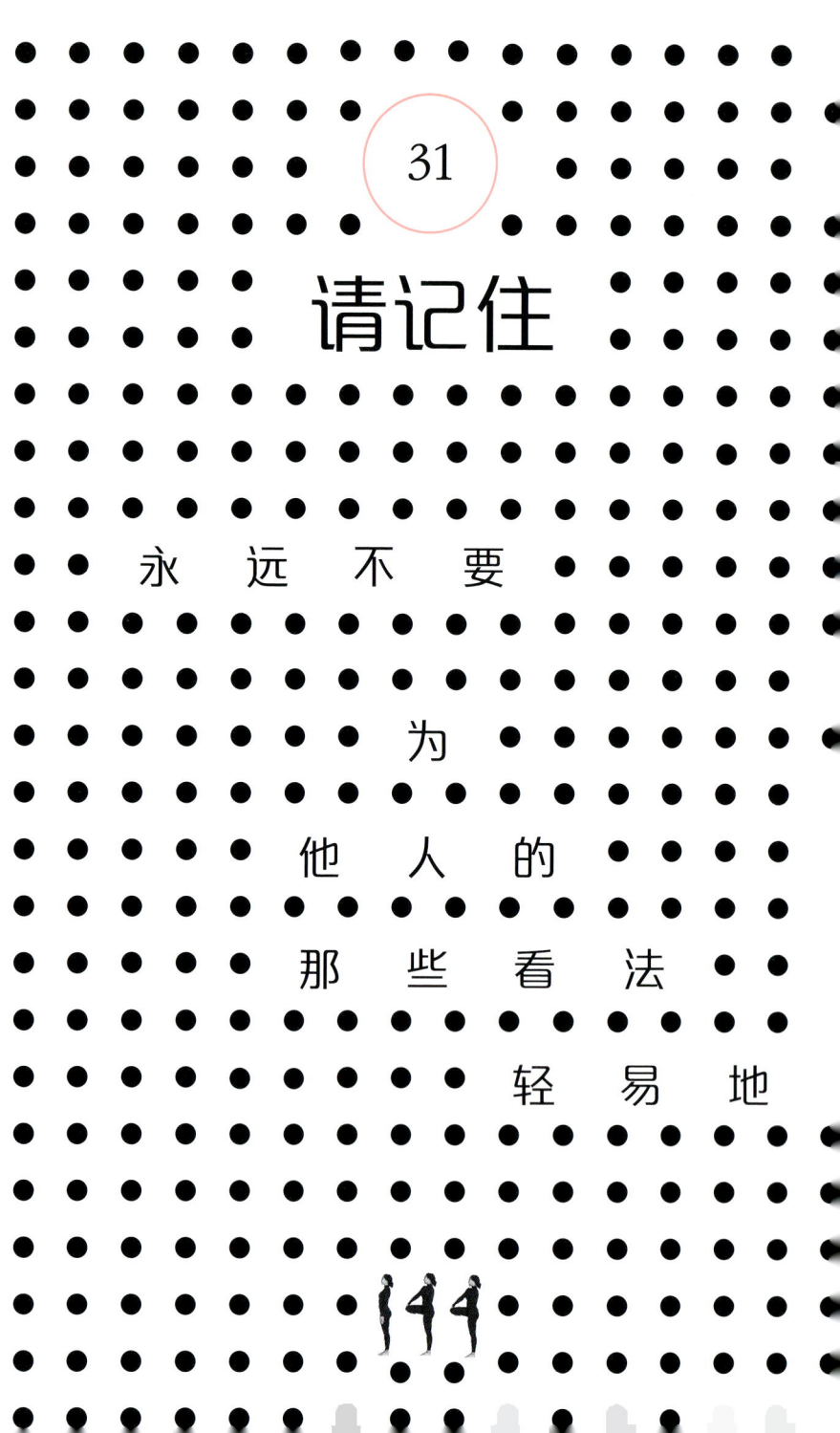

永远不要

为

他人的

那些看法

轻易地

去 改 变

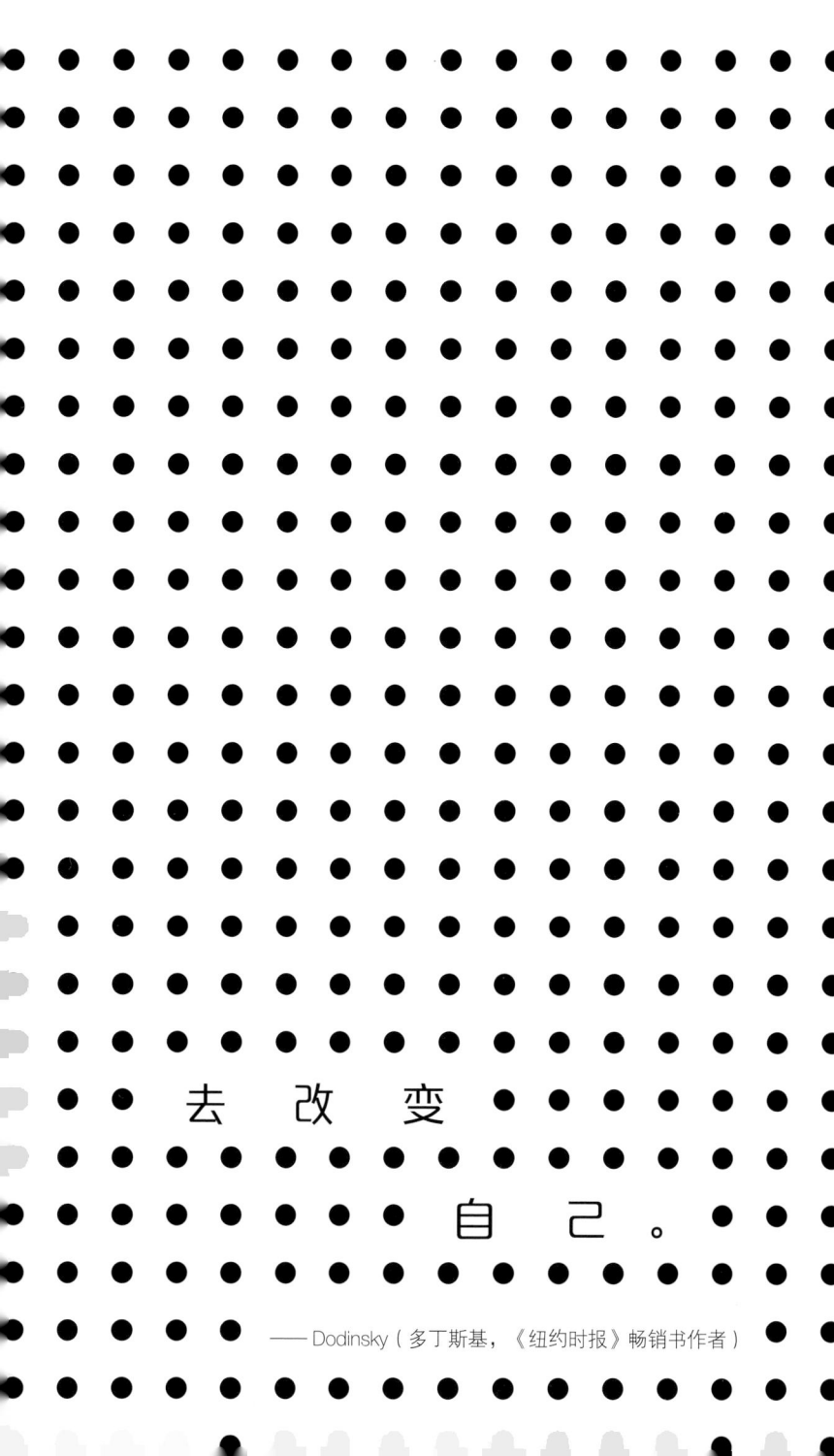

自 己。

—— Dodinsky（多丁斯基，《纽约时报》畅销书作者）

32

摩擦，摩擦

　　大概在我12岁那年的夏天，我的身体开始渐渐变得丰满。突然有一天，我走路的时候感觉大腿内侧总是会相互摩擦。我还没走出去十步，就觉得大腿根部已经磨红了。好痛！

　　为了避免这种情况，我每天都在校服里面穿上紧身的棉质骑行短裤。但是如果有阴道炎（见第198页），你就不能这么穿了，因为这种裤子很紧，容易让人出汗而加重症状。不过它的确有助于减少大腿内侧的摩擦。夏天，汗津津的腿会没完没了地摩擦！如果你的腿也总这么摩擦，那么早晨出门前穿衣服的时候就要考虑周到，防患于未然。

33

屁 股

　　我一直都爱我的屁股。前几年，我的屁股比现在还大，而大屁股是不符合流行风尚的。那些年，瘦骨嶙峋才是时髦。但我仍然爱我的屁股。它像是我的私人专属软垫，而且跑步和跳舞时也很给力。唯一让我郁闷的是买不到合适的裤子。如果腿部合适了，腰部那里就会空出一大块；如果腰部合适了，大腿处就会紧绷绷的，勒得我难以活动。一家卖二手衣服的慈善商店是我唯一能买到合适裤子的地方。那里有20世纪50年代出品的裤子，它们很适合我。那个年代的设计师似乎十分了解女性的曲线，因为那个年代就流行我这样的身材。裤子大腿和臀部的剪裁都比较宽大，然后在腰部收紧。现在流行的那些紧身牛仔裤，我一看就知道自己的腿根本塞不进去。

这些裤子都是为流行时尚而设计，可大部分人的身材根本不是那样的。无数的女性拼命把自己塞进布做的"笼子"里，然后因为自己美丽的身体不适合那些衣服而自责，这可真不公平！

说起内裤，别跟我说试试那种灯笼短裤式的宽松内裤。说起来真丢脸，好几年我都摆脱不了内裤被夹在股沟处的烦恼。穿上内裤之后走不出三步，它就一定会卡在股沟那里。我做过各种尝试：男士平角裤、女士灯笼裤、低腰裤、宽松内裤……屡试屡卡。我常常得跑去厕所，把内裤尽可能拉低一些，并祈祷在我回到教室之前它不会再往上跑。这实在太不舒服了！

后来我开始自己做内裤。我和一个学时装设计的朋友设计了一种不会卡入股沟的灯笼短裤。我们用了好几个星期反复试验，最终找到了一种完美的设计，可以让短裤不乱移动。所以说，要爱你的屁股，照顾好它，找到适合它的得体着装，别去管当下流行的是什么。

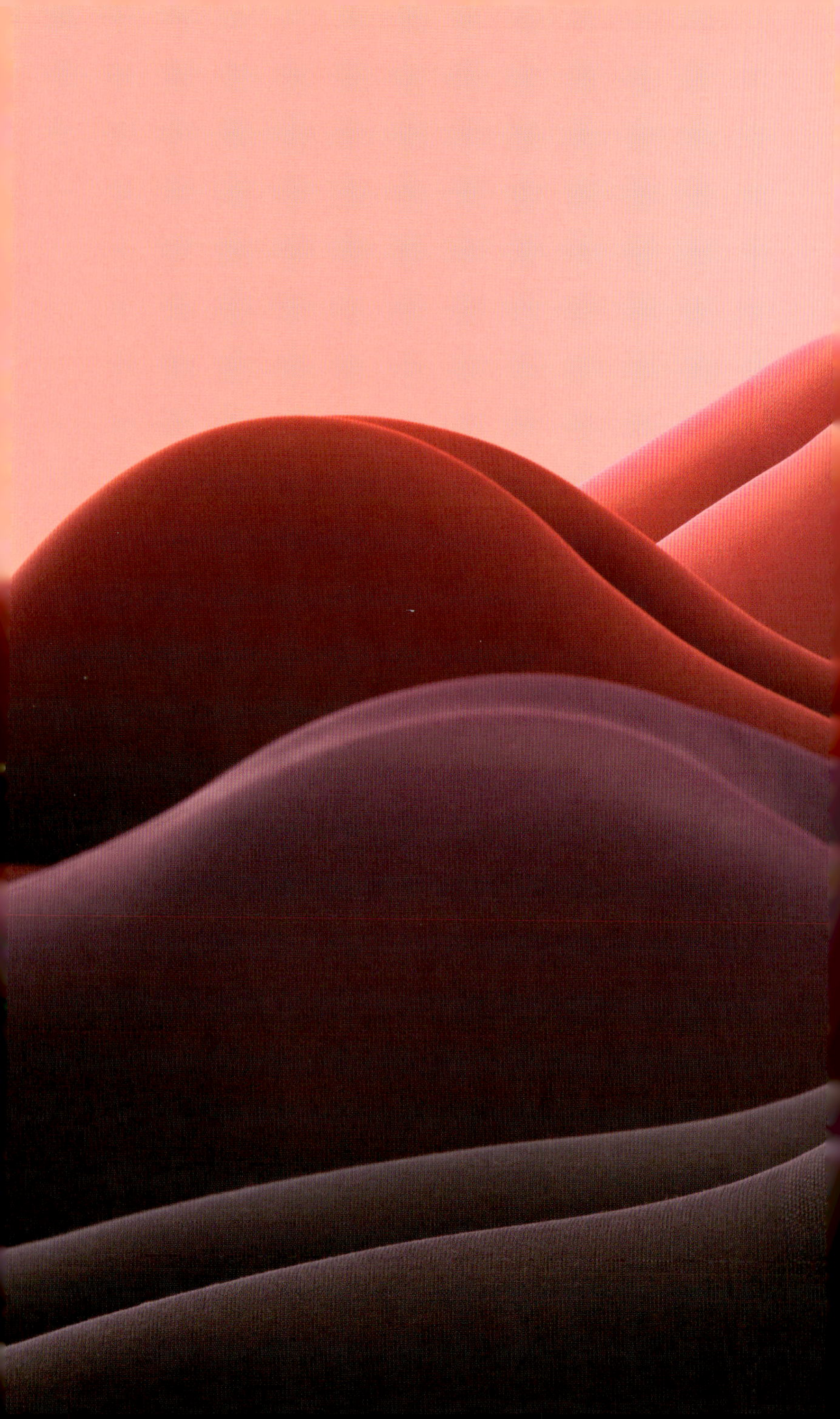

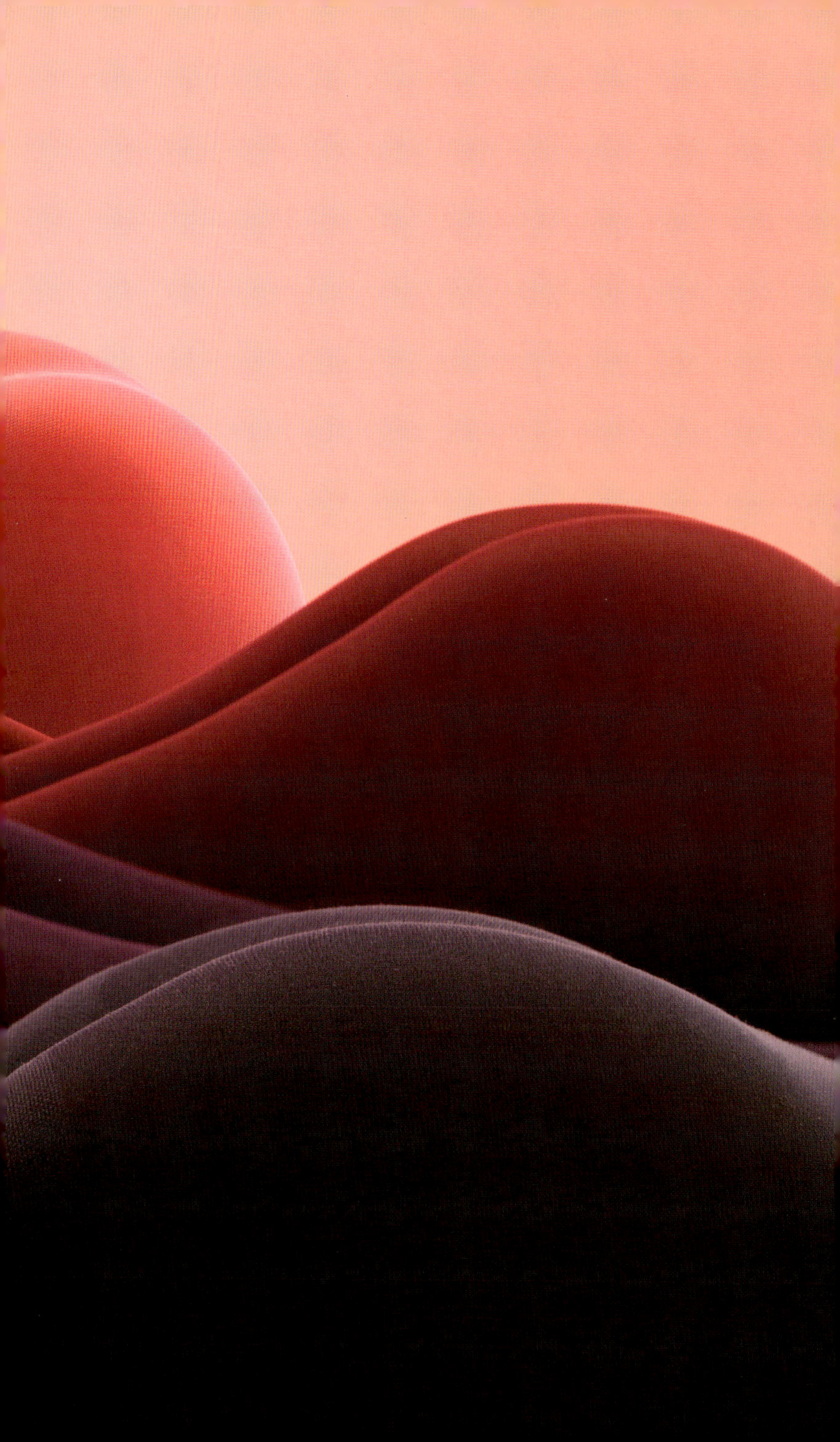

34

躁动的感觉

　　有时候我们会觉得"性"似乎无处不在——人人都会经历，事事都与它相关。没错，假如没有了"性"，你我根本不会存在。几百年过去了，人们对"性"的态度发生了很大变化。"性"从一个根本不会在公共场合被提起的话题，变成了各种宣传广告的万能噱头，不论是宣传除臭剂还是意大利面。MV里有它，户外广告中也有它，因此也给人造成了很多困扰。为什么那个女人一脸魅惑的样子，手里却拿着根芹菜？她是在为榨汁机做广告还是……到底是什么情况？

　　所以，你在真正有性经历之前，可能早就被各种性感的，甚至带有性暗示的图片轮番轰炸过了。这种感觉挺怪异的。而无论是榨汁机广告，还是性感的音乐影片，都没能告诉你真正的性意味着什么。你所看到的一切，与真实的性毫不相关。尽管电视里、广告中充斥着与性有关的各种信息，但是人们真要谈论性的时候，却会觉得尴尬。所以，没有人会告诉你，你看到的都不是真实情况。这一切都让女孩们无所适从。

对性有兴趣，想知道那是什么感觉，这种愿望是正常的。但是，我还是建议你，等到成年以后，找到彼此相爱的那个人了，再考虑尝试。关于什么时候最适合发生第一次性体验，并没有完美的时机，也没有规则可言，但前提是你必须成熟到能够为自己的行为负责，并且有足够的心理准备去承担相应的后果。没有人能够告诉你应该和谁，在什么时间，在哪里，怎么做。但是，身体是属于你自己的，只有你才能决定怎么做。

我

第

坠入爱河一次

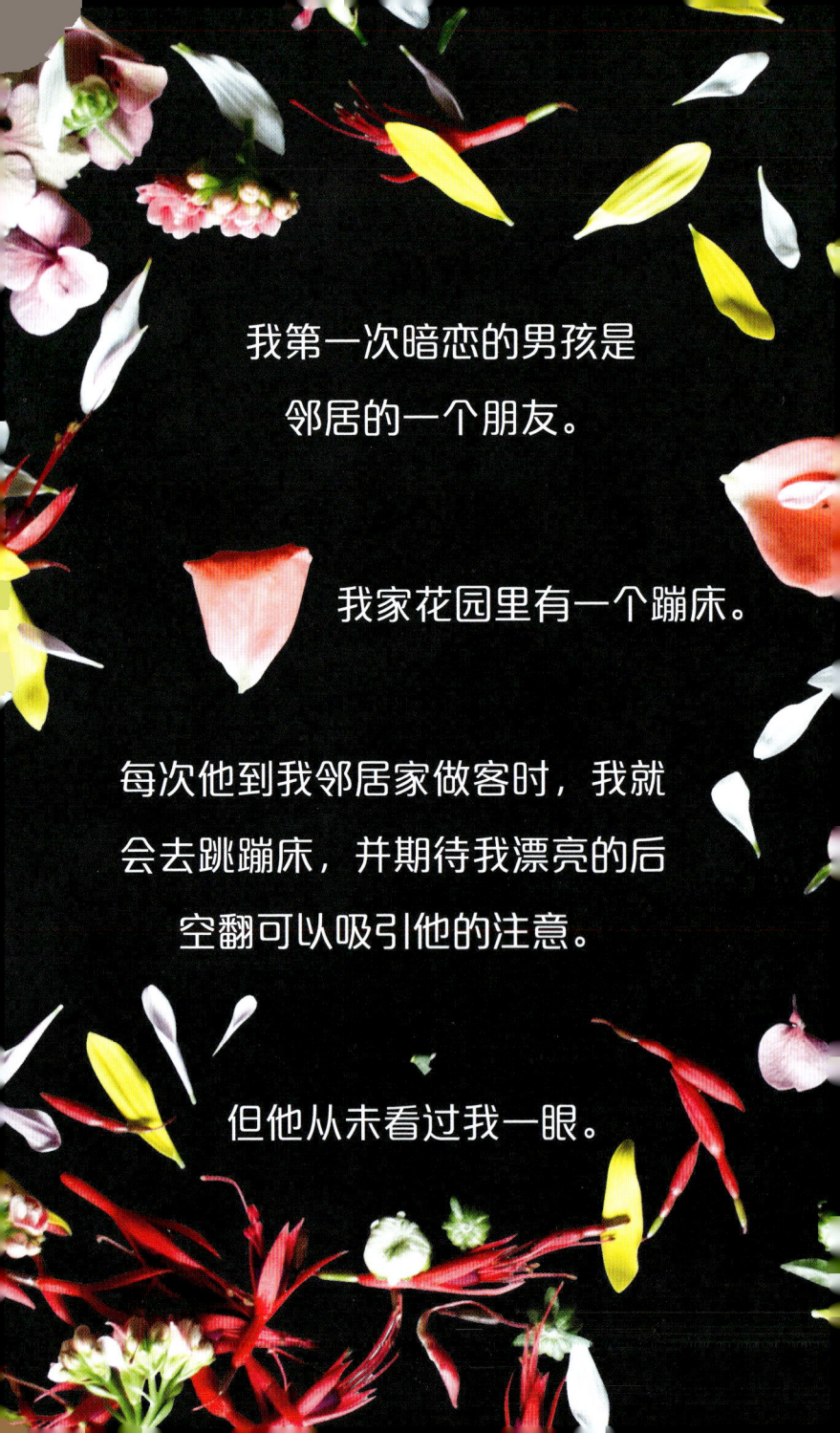

我第一次暗恋的男孩是邻居的一个朋友。

我家花园里有一个蹦床。

每次他到我邻居家做客时，我就会去跳蹦床，并期待我漂亮的后空翻可以吸引他的注意。

但他从未看过我一眼。

大概一年以后，学校让我们使用学长的旧课本，我居然得到了他的课本。

我觉得这是一个征兆。

但是，有一天，他与我擦肩而过，身旁已经有了一个女孩。

我的心沉入谷底……

我觉得自己再也不会爱上任何人了。

35

满月、荷尔蒙和情绪的潮汐

· · · · ·

  我对月亮有一种痴迷。每当感觉到自己的情绪剧烈波动时,我就会去查日历,我发现这些情况往往都发生在满月前后。这可不是迷信,月亮确实会对潮汐产生很大影响。而我们身体的65%都是水,所以应该也有类似的潮汐变化,有时情绪高涨,有时心情低落。

  青春期荷尔蒙的变化也会导致情绪的突然波动。有时候,仅仅是因为有人用奇怪的眼神看了我一眼,我就会从大家熟悉的那个玛拉瓦突然变成一个冷酷的玛拉瓦,摆出一副"别惹我",或者"小心我一拳把你揍晕,让你直到圣诞节都醒不过来"的表情。

我爱所有人！

哼!

有时候，当妈妈反反复复地询问我"你没事吧，要不要喝杯茶"时，我会咆哮着冲进自己的房间，然后又完全不知道自己为什么发那么大脾气。不过，为了不让人觉得我情绪多变，我会在接下来的一两个小时内继续生气。

相似的，你的朋友也会前一分钟还表现得很酷，但马上就开始说人闲话，还冲你翻白眼；过一会儿，他们又变成你最好的朋友了。天哪，你一天到晚都得应付这些变化，同时还要做作业。

想知道我的建议吗？那就是善待别人。你的情绪当然都是真实存在的，但你不必朝每个人发火。如今回头看，我觉得我不该对妈妈咆哮，而应该说："妈妈，我只是今天感觉有点不对劲。我也不知道是为什么。谢谢你，我不喝茶。"

有时，我会清晰地感到自己正处在那样的状态中，会尽量避免向别人发作。理解这一点最大的好处是，当你的朋友表现得很奇怪时，你会明白他们或许也和你一样，只是情绪有点不对头。

不要依赖止疼药

没人愿意承受疼痛，但我们仍然要面对各种各样的疼痛，有的是正常的，比如生长痛、月经痛。有一段时间我的膝盖疼得要命，妈妈会给我两个热水袋，让我敷在膝盖处。在学校时，只要经期感觉到疼，女孩们就想去老师那里要点止疼药。刚开始的时候，依靠止疼药来缓解疼痛似乎没什么，但如果总是摄入止疼药，时间长了对身体就不太好了。拉伸运动是很好的替代止疼药的方式，能有助于缓解头痛、月经痛、胃痛和肌肉疼痛。在吃止疼药之前，你可以先试试下一章我推荐的一些拉伸动作。

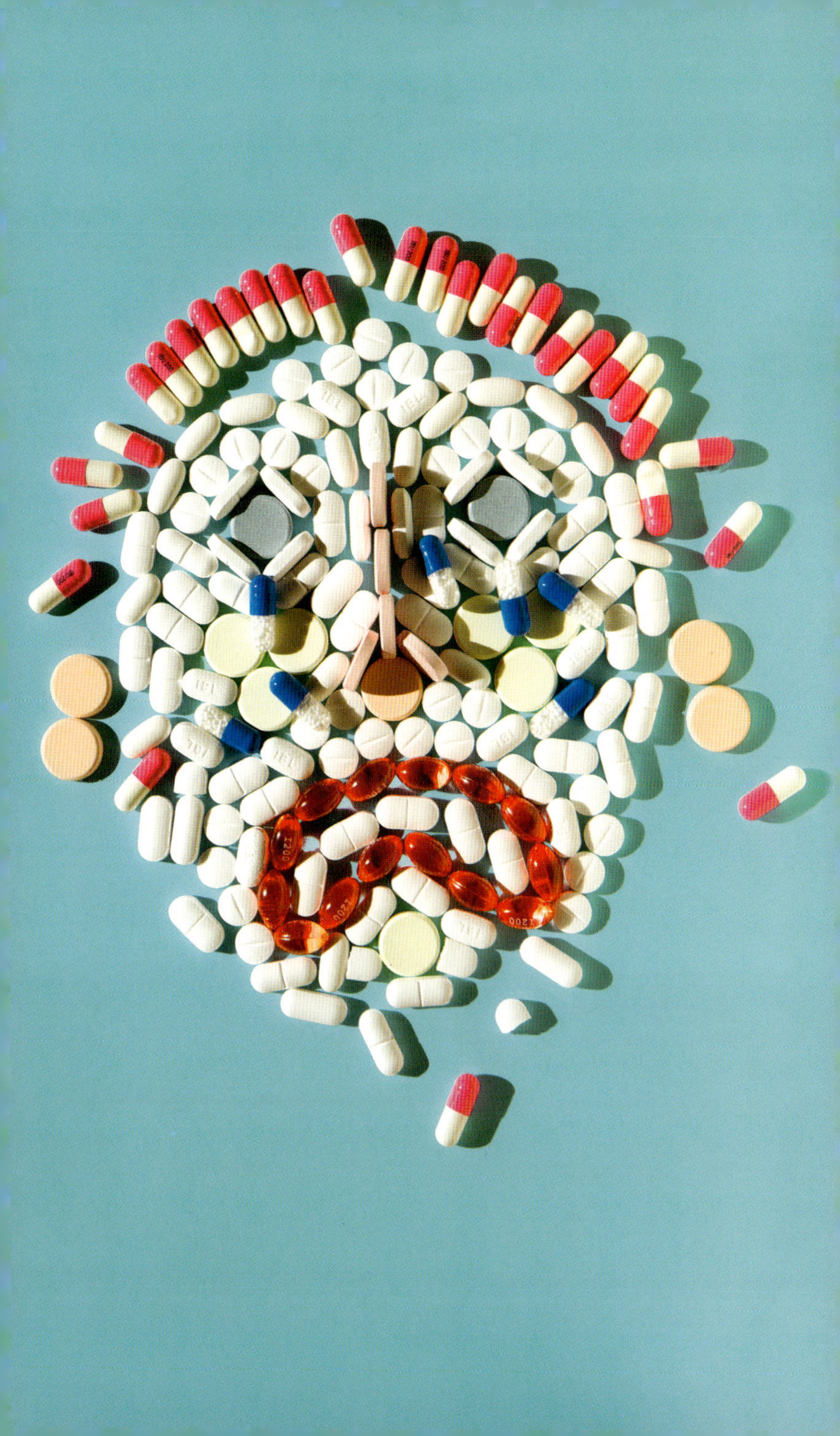

拉—拉—拉伸

拉伸会让你感觉很舒服。拉伸运动能促进新鲜的血液流到肌肉，帮助肌肉变得温暖，从而放松下来。它可以帮助身体缓解紧张感，比如月经痛或者颈椎不适。练习一段时间之后，身体的柔韧性会得到增强。但注意不要过度拉伸，感觉到疼的时候，就不要再用力了。还要有耐心：先从一个让你略微有些不舒服的拉伸动作开始，然后专注于你的呼吸。深呼吸的同时，尽量保持拉伸的姿态（理想状态是保持60秒）。练习深呼吸是非常关键的一步！深深的、有规律的呼吸能让你真正地放松身心。试试吧！

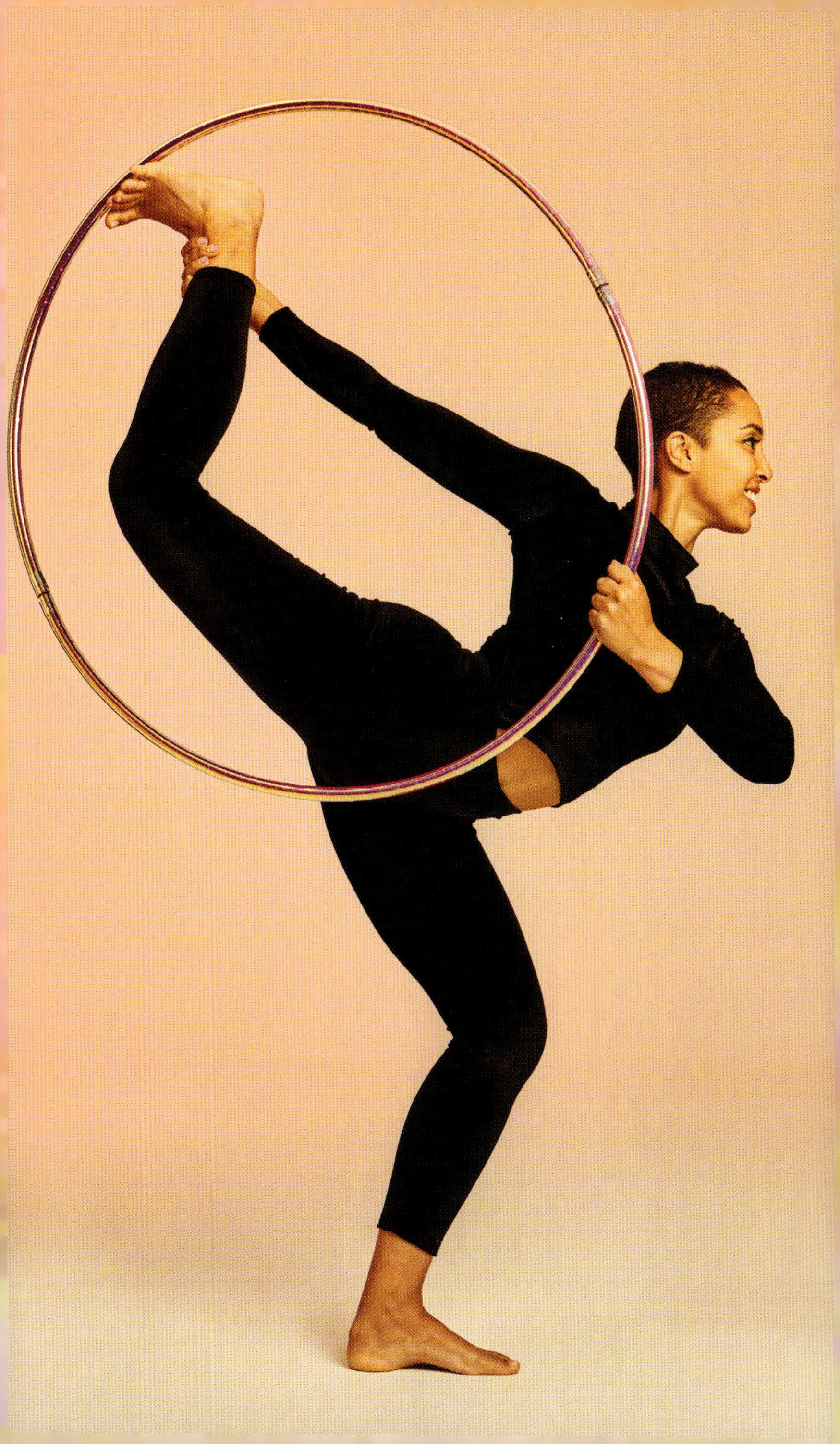

舒展别扭的头颈

背靠墙站立,缓慢地向前向下低头,直到出现一个标准的双下巴。深呼吸,抬起头,回到原位。缓慢地将头部倒向左侧,感受脖子右侧的拉伸。深呼吸,回到原位。再将头部倒向另一侧,重复上述动作。记得每一次拉伸之后都要将头部先回到正中的位置,不要做360度的圆周运动。

告别僵硬的肩膀

如果你长时间看电脑或打字,肩部就会变得僵硬。你需要释放一些紧张感。尝试耸肩,将肩部提升到与双耳齐平的位置,挤压肩部,然后回落,放松,重复5~6次。你还可以以肩关节为轴做双臂的圆周运动,然后甩动胳膊。"甩"的动作有助于肩膀放松。

拯救疼痛的膝盖

我忘不了膝盖处的生长痛,真是太痛了!你可以试着这样拉伸小腿:站在一级台阶上,尝试将脚后跟向下落。你也可以用双手扶住膝盖,并拢双脚,做一些轻柔的膝部圆周运动。仰卧,按照图示把一只脚的脚踝搭在另一条腿的膝盖上,再让膝盖向下落。这会让你感到舒服。哪怕你只是平躺着,也有助于血液循环。

放松难受的背部

弯曲膝盖,并拢双脚,试着弯腰用手去够脚趾,这是一个不错的伸展背部的动作。你还可以保持这样的姿势,试着向前走,感受臀部以及身体两侧的伸展。再躺下,将双膝抱在胸前,从一侧向另一侧反复滚动(这是我最爱的动作)。这个动作对缓解月经痛也非常有效。

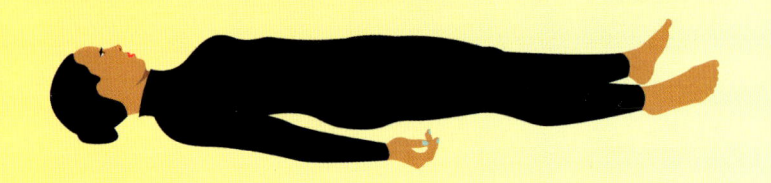

应对绞痛的腹部

　　平躺，掌心朝上。双腿放松，脚尖朝外。深深地吸气，想象自己正在从肚脐向身体中吸气，然后再从肚脐呼气。呼气时不要用肌肉的力量，而要让空气自然地流动。试着做10次深呼吸，时间充足的话也可以做20次。这个动作能让人特别放松。

重现灵活的双手

　　用力伸展所有的手指，保持10~20秒。再收回所有手指，并将手指向内弯向手腕，以此来伸展手背。然后，将双手在胸前合掌，做出祈祷的姿势，并尽量向上抬起手肘。保持手腕合拢的姿势，以伸展手腕前侧。

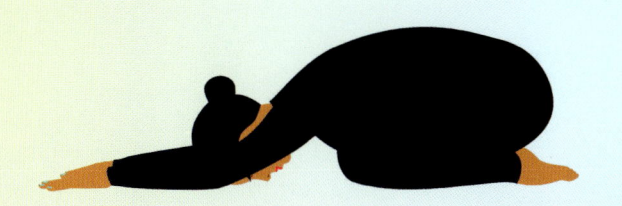

缓解难言的痛经

"婴儿式"是我最喜欢的缓解痛经的姿势。膝盖着地,坐在脚踝上。然后吸气,同时向上伸展双臂;呼气,向前伸展双臂,再慢慢向下,直到额头触碰地板。你可以长时间保持这个姿势,但别睡着了!这样让人特别放松,并且能有效缓解腹部不适。

扭扭屁股好处多

这个动作真是太棒了,既可以拉伸腿部,又可以减轻下腰部的压力。弯曲一条腿,另一条腿向后伸,膝盖跪在一个柔软的垫子上。臀部向下用力,拉伸大腿前侧和臀部。在这里,保持3次深呼吸。然后,向后坐,将前面的腿伸直,拉伸腿部韧带。

38

冥 想

· · · · ·

  电话、电脑、学校、朋友、家人……有时候会把你的大脑塞得满满当当，你得腾出10~20分钟的时间让它重新启动。在家时，不论是你的房间，还是浴室……任何地方都可以让你放松。当我感觉需要休息的时候，我通常会这么做：切断一切电源，关掉电话、电脑、音乐……甚至把灯也关掉。可以坐着，也可以躺下；可以睁着眼，也可以闭上眼。你觉得怎么舒服就怎么做，这是属于你的时间。

  现在，只需关注你的呼吸。想象你的内心是一片澄明的蓝色天空。你会产生各种念头，尝试着让它们像云一样飘过，而你只是注视着它们。"云"过之后，你的内心就会恢复澄净。倾听自己的呼吸，尽量深深地吸气和呼气，让腹部跟随

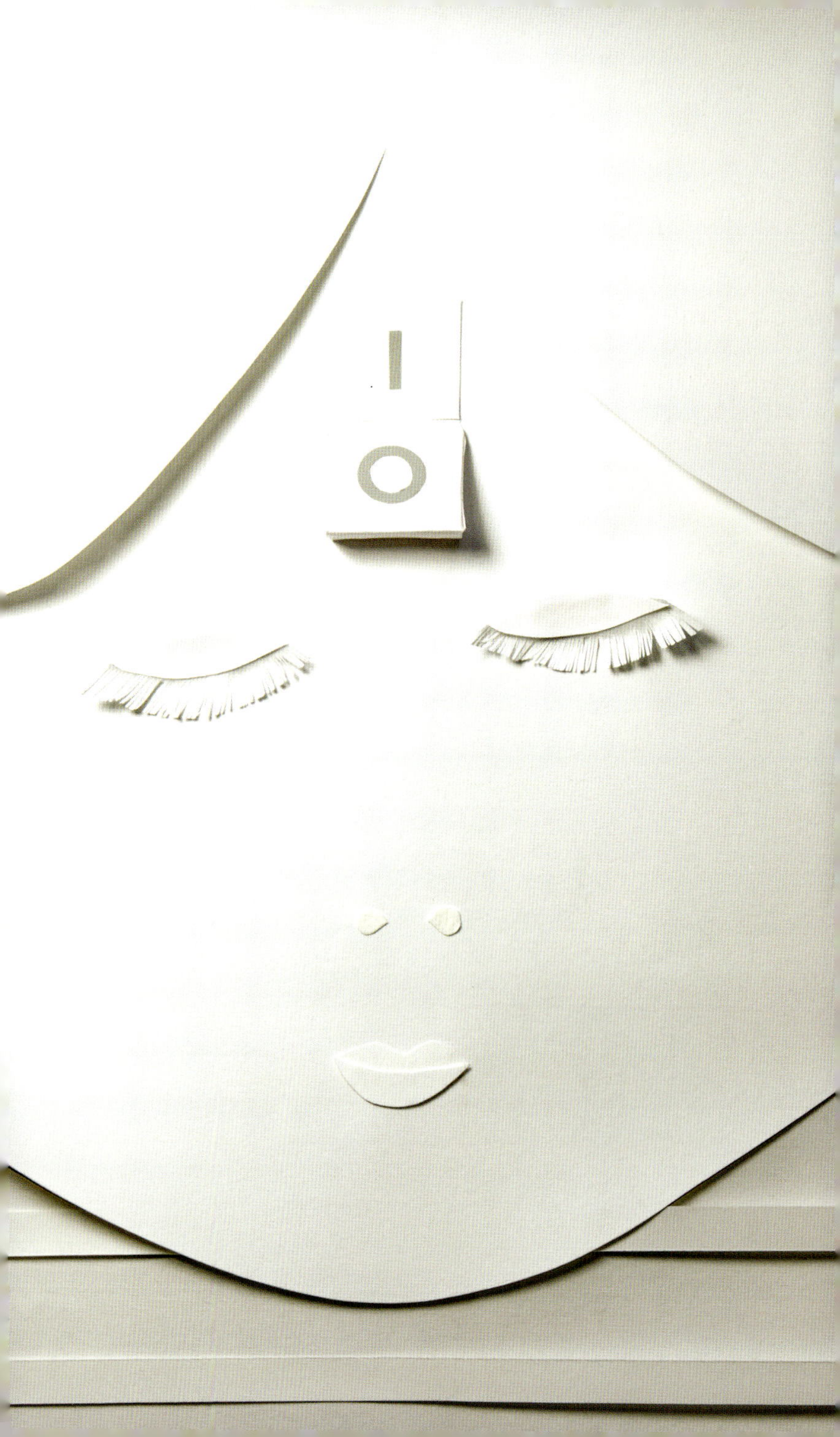

每一次呼吸扩张和放松。如果你的思想不集中，尝试想一句你觉得自己不该说的话，或者想想你的红色运动衣搭配新牛仔裤有多好看。用类似的方法温柔地提醒自己，现在需要保持内心澄净，尝试将注意力放在呼吸上。呼气的时候，你仿佛看见自己正在推开思虑幻化而成的云朵，以此保持内心的澄净。

温馨小提示

定个闹钟

如果你因为担心自己睡着或者把握不好时间而紧张，
可以定个闹钟。每天用闹钟为自己
定一个冥想10分钟的目标，
这本身也是个让身体逐渐适应冥想的好方法。
可能刚开始的时候你经常会走神。
但慢慢地，你可以训练自己的思想，
让它能够识别出大脑重启的时刻，
更快地进入平静状态。

不要因为压力而焦虑

不要因为无法清空思绪而沮丧。当压力
真的很大的时候，我也很难摆脱它。对我来说，
一个很有效的方法是用纸和笔，写下我脑子里
所有担心、害怕的事以及其他种种想法。

我将它们写出来的时候，就立刻感觉到
内心的放松与平静，那些写下的
困扰就释然了。之后，
我进入了平静的状态。

呼吸

一切都从呼吸开始，最终也会回到呼吸。
一定要让自己深深地呼吸，
以此消除身体的紧张感。

让自己舒舒服服

尽可能让自己舒服地坐着或者躺着。
静静坐着的时候，我常感觉到冷，所以我会在
冥想开始前用毯子或者运动外套把自己裹起来。
每个人都有自己喜欢的姿态，找到最适合的就行。

找个安静的地方

如果有人正在练习吹号或者
在切洋葱，你绝不会想在这样的
地方做冥想。尝试找一个安静的、
最不容易被打扰的地方。

结束后的调整

有时候，冥想结束时，回归现实的你会略感迟钝，
所以，一定不要着急。给自己一点时间，慢慢站起来，
关注自己的感受，再做一次深呼吸。也有可能你突然
有了灵感，或者想起什么重要的事，所以，
有必要提前在手边准备好纸和笔。

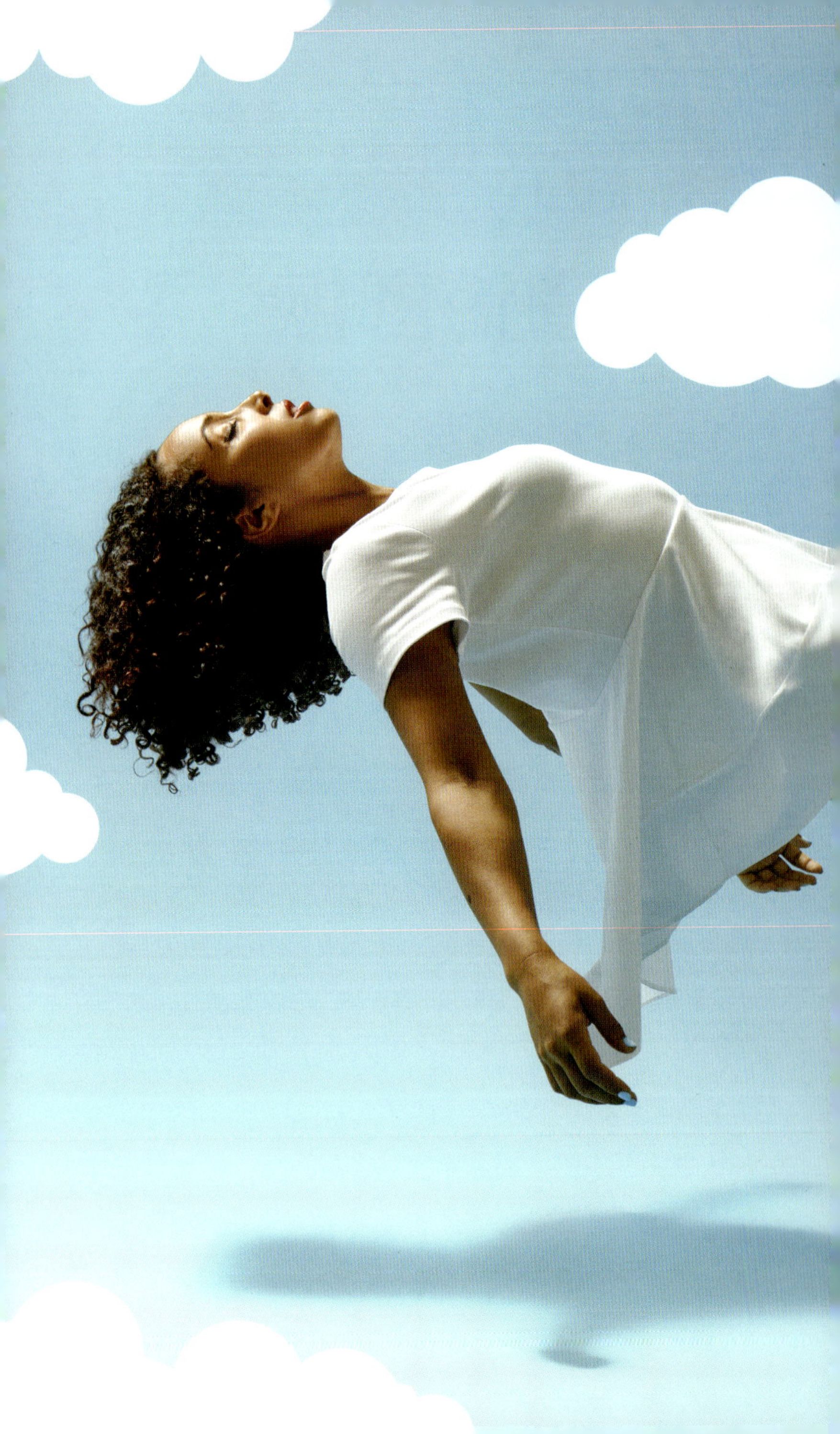

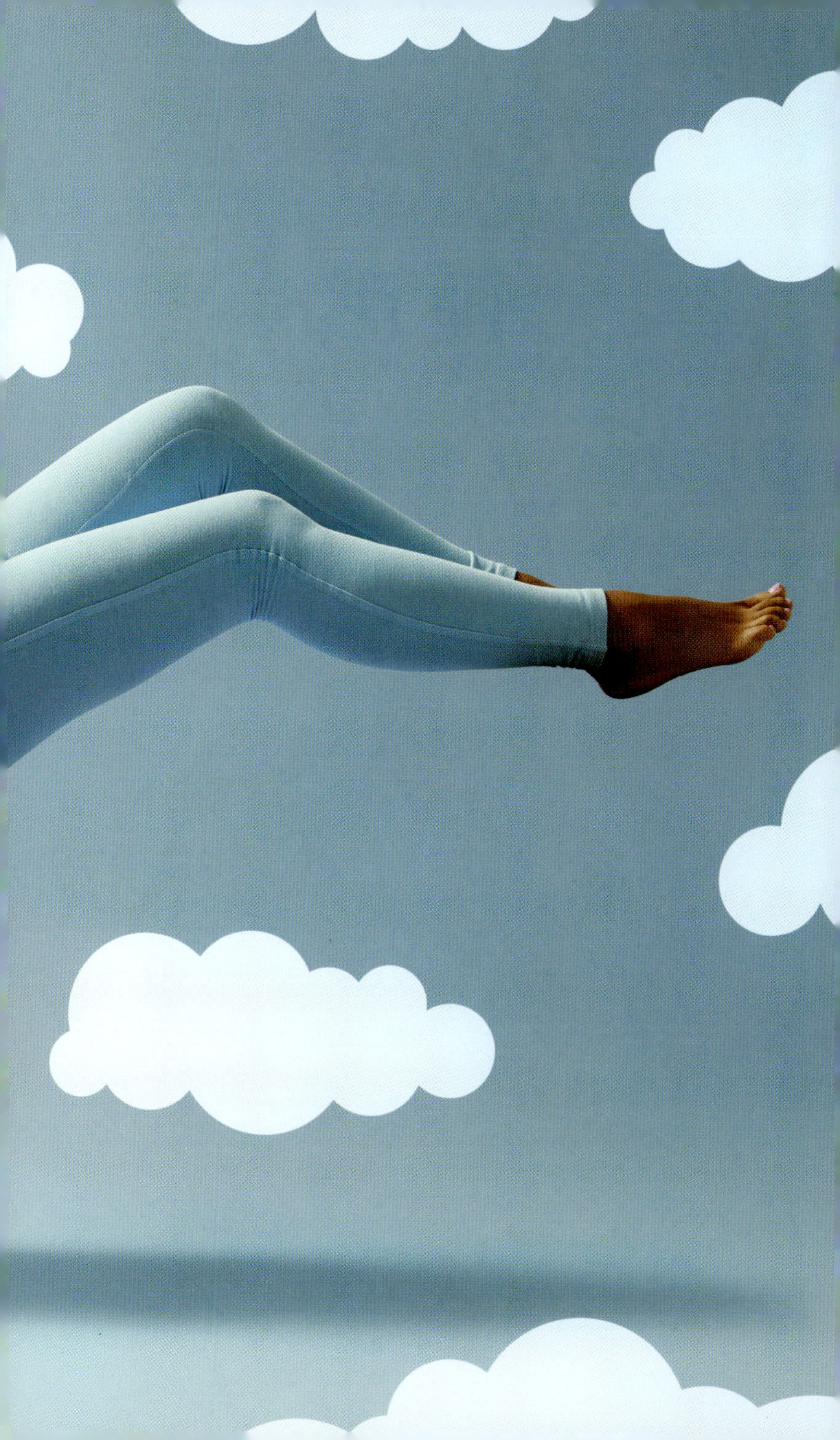

39

睡眠

除了食物和水，对人最重要的就是睡眠了。我指的是真正能让你休息的睡眠——类似那种梦见自己在大朵的白云之上悠然地跳跃，同时乐队正演奏着你最喜欢的音乐的睡眠……每天在固定的时间睡觉和起床很重要，这能帮助你建立规律的生物钟。如果睡眠不足，第二天你可能会有点不在状态，觉得诸事不顺，感到烦躁不安。如果你因为记挂某些事情而睡不着觉，那就把它们写下来吧。在床边准备好纸和笔，一旦你把心中的烦恼统统倾诉在纸上，内心就会变得干净清澈，仿佛进入了美好的幻境。你也可以试试拉伸运动（见第164页）、冥想（见第170页），或者喷点薰衣草喷雾（最好购买比较天然、健康的产品）。

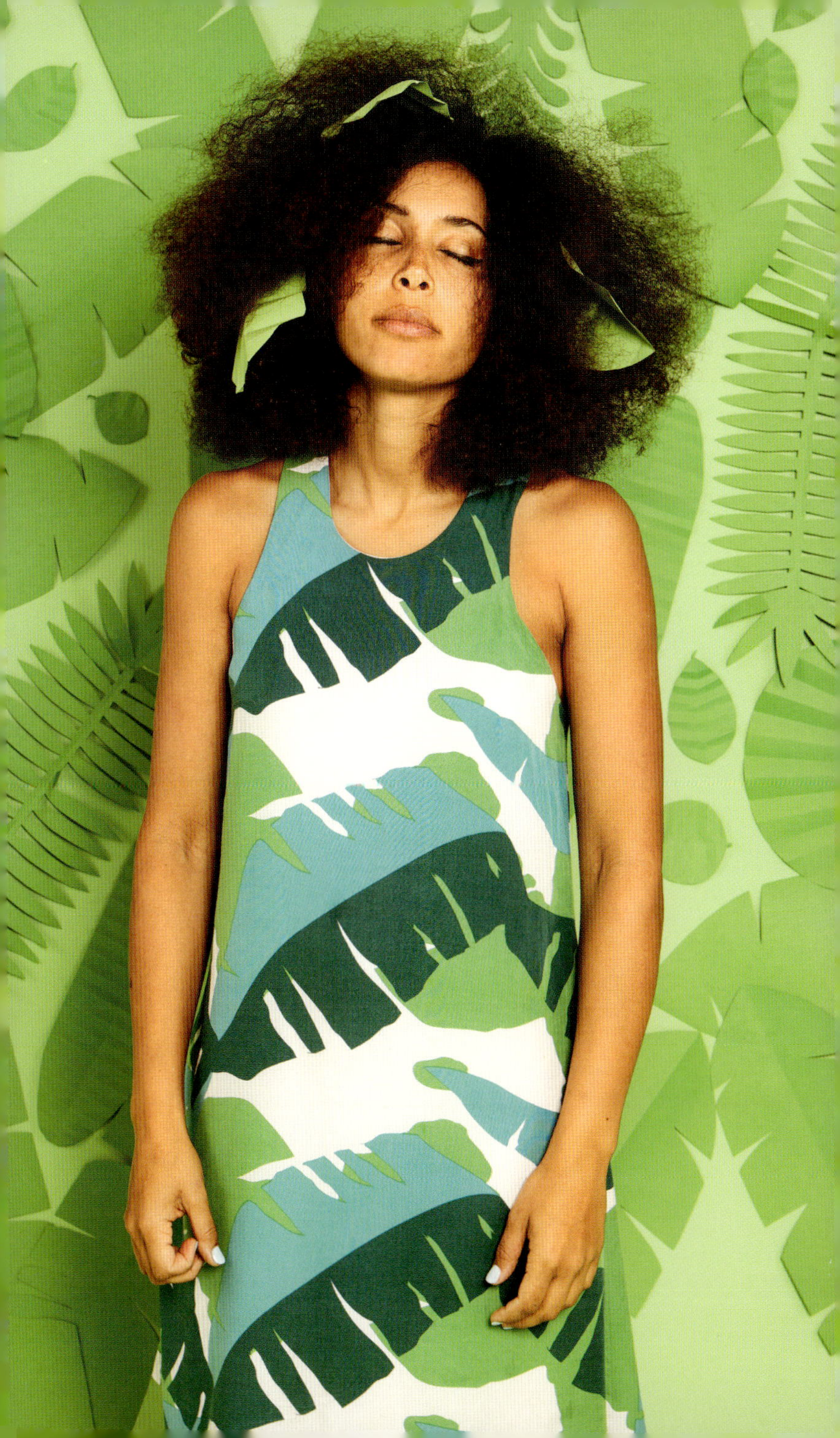

她日日夜夜为你运转。你熟睡时,她也在努力工作。请学会爱护她——你的身体。

——Loren(洛伦,玛拉瓦的朋友)

& works really hard even while you SLEEP

Please learn to LOVE HER

~YOUR BODY

40
合理的饮食

"注意饮食"的意思是注意你吃的和喝的东西。你的身体每天至少需要三顿健康的饮食作为燃料来运转。如果你非常好动,或者正长身体,那么可能还需要一些点心。但有些人理解的"注意饮食"却往往指的是"节食"——减少身体摄入的能量,以达到减轻体重的目的。如果你本来并不超重,减少身体的"燃料"摄入是件很危险的事。这会导致身体的能量减少,造成注意力不集中和情绪波动。初中时,虽然我从未尝试过节食,但我的一些朋友会时不时地节食。我觉得这种做法既不科学又无聊。只要有人开始节食,那么他们所关心的、谈论的,似乎就只剩食物了。

我曾有一个朋友,她的节食经历有些不一般。自打节食以后,她就变得越来越瘦。

大家都为她担心，尝试劝她吃点东西，但她总是说"哦，我刚刚吃过午饭"，或者找其他借口。最终，她得了厌食症，一度濒临死亡。她不得不休学，在医院住了一阵子。她用了很长时间才终于解决了饮食紊乱的问题。现在，她已经当妈妈了。

　　造成饮食紊乱的原因多种多样，但往往都起源于自己的某种遭遇。如果觉得缺乏掌控感，人们就会期望通过控制饮食来达到目标。这种想法毫无道理。如果你节食到了某种程度，大脑的思考方式就会改变。如果你觉得自己或者某个朋友对饮食问题过于执着，或者吃得太少，可以从很多渠道获得帮助：可以找关系亲密的成年人谈谈，也可以自己做一些调查研究——你可以找到很多来自政府部门和医疗健康机构的建议（不要浪费时间去网上聊天室寻求答案，你根本得不到正确的帮助）。我们完全可以避免饮食紊乱这种情况的发生，而且，越早行动，结果越好。

41

女孩支持女孩

　　随便拿起一本休闲杂志,读一读里面关于女性的评论,就会有种感觉,好像我们女孩最关心的事就是别的女性的腰围,以及她们是否穿对了衣服。这种"女性贬低其他女性"的文化很容易渗透到我们的生活中,成为一种惯性思维,导致大家相互诋毁,谁都没有安全感。我觉得这太悲哀了,我们必须认识到这种文化的破坏性。竞争应该属于赛场,而不是存在于邻里街坊的姐妹之间。我们女孩没有理由互相拆台,而是应该互相支持,成为一个团队。"女权主义"这个词,不同的人有不同的理解。在我看来,最简洁明了的解释莫过于伟大的黑人女作家玛娅·安杰卢的话:"我是女权主义者。身为女性那么多年,如果不站在自己这一边,那就太蠢了。"

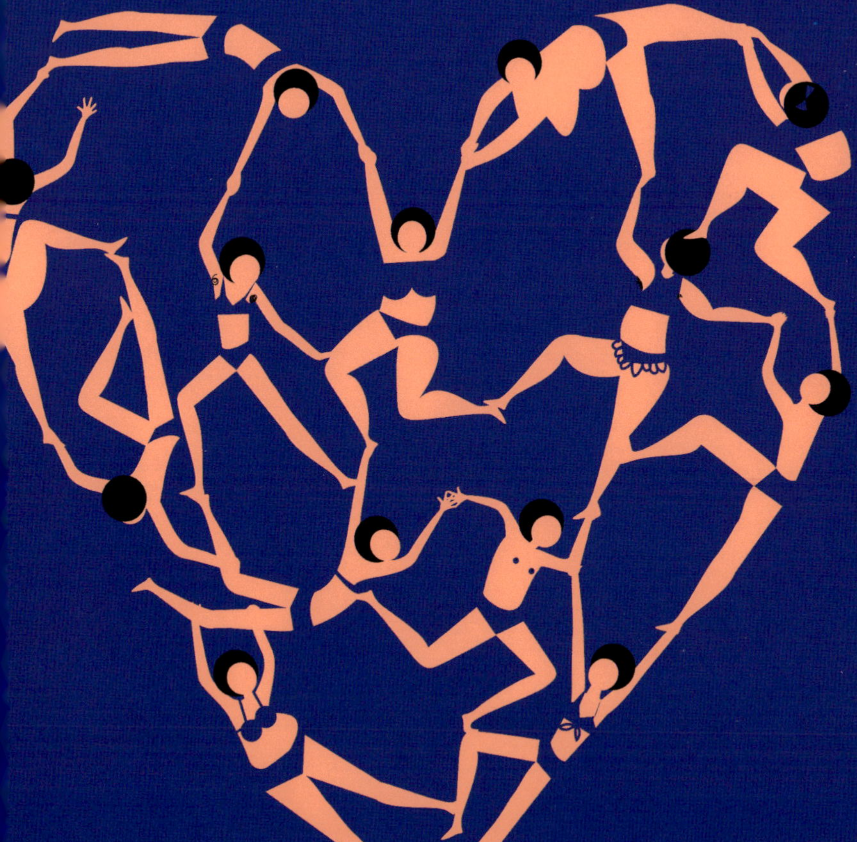

团结才实现

起来，

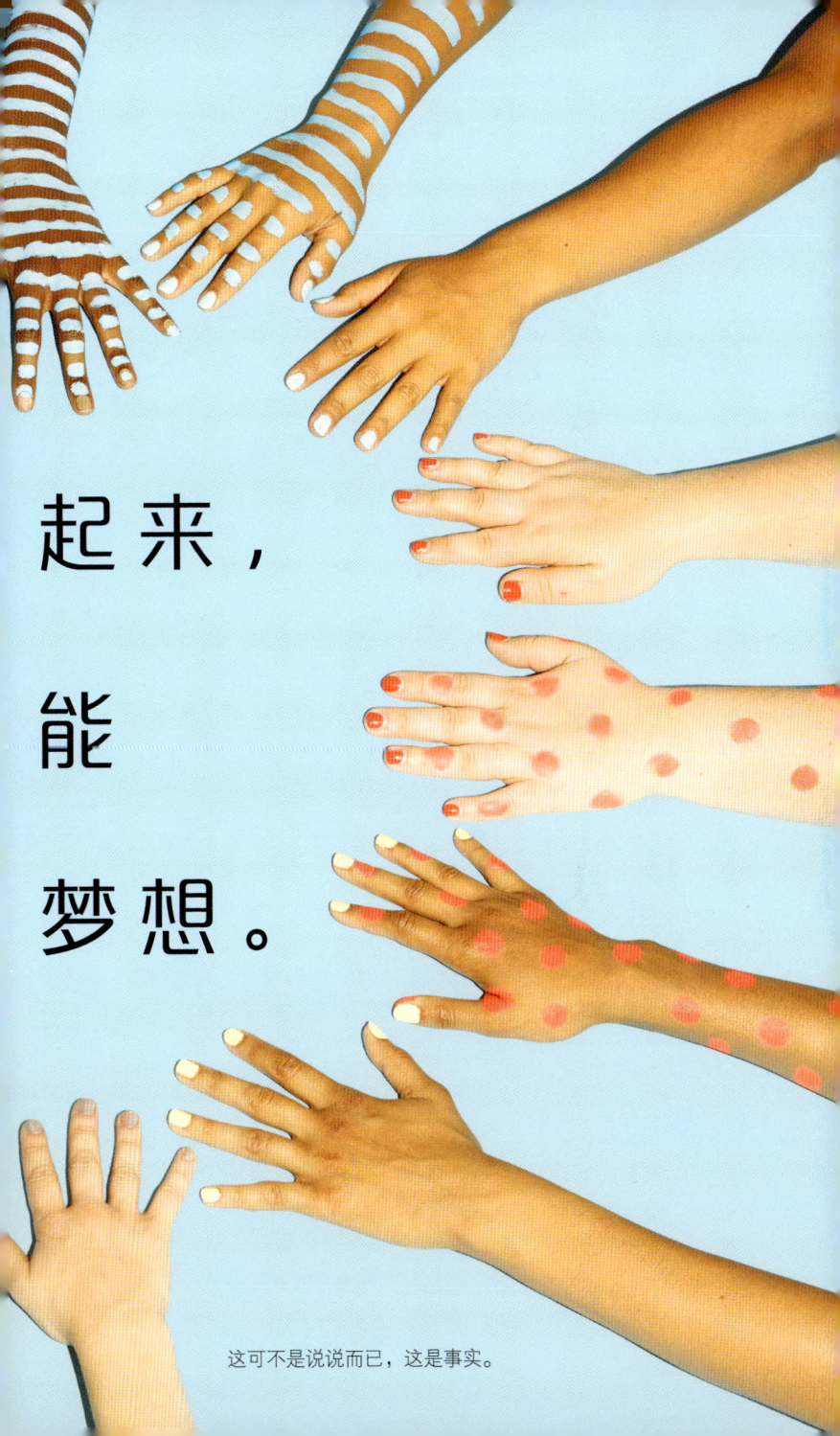

能

梦想。

这可不是说说而已，这是事实。

42

感觉怪怪的

随着年龄的增长,我的身体曲线逐渐有了变化,人们也开始用不一样的眼光看我,而一些陌生男人怪异猥琐的眼神会让我特别不舒服。出于某些原因,有的男人会认为,他可以不把你当人对待,而是把你看作一件陈列出来的展品,可以随意打量、随便评价,这让我感觉非常别扭,好像是自己无意中做了什么错事。

我很小的时候——大概8岁吧,有一次在超市里,一个男人从我身边挤过去时,用力捏了一下我的屁股。这举动简直太恶心了!我瞪着他,吃惊地发现他居然若无其事地从我身边走过。这一切发生得太快了,当时妈妈和我在一起,但她并没有看见这一幕。我觉得尴尬极了,不知道该怎么说,所以我什么也没告诉妈妈。后来我才逐渐明白，遇到这种事时，一定要大胆地说出来。二十年来，我在脑海里反复重演着那一幕，想象了各种痛揍他的场景。如今我已经比当年自信多了，如果再发生类似的事情，我一定会大胆地说出来，也会求助于他人，但做到这些确实很不容易。说不容易是因为你很可能更希望这一刻赶紧结束，而一旦引起了周围人的注意，就好像延长了那种难受的感觉，或者会让大家觉得是你做错了什么事。

在确保安全的情况下，如果你能有所行动，一定要立刻行动！不要示弱，要勇敢地将这类行为曝光。如果你觉得当时采取行动有风险，那么事后也一定要尽快把这件事告诉你信任的人，这样做一定会让你感觉好一些。

尴尬排行榜 3

43

"便便"问题

上学的时候,有一次我想大便,而附近的卫生间里只有一个马桶。课间,我需要去卫生间上一个大号(大便)。每当遇到这种情况时,我都会有些慌张,因为我不想让别人知道我要去上大号,所以总是假装自己只是去上小号(小便)。为了避免留下太大的气味,

我会快速冲水，或者喷上一点点空气清新剂（如果喷得太多，反而会欲盖弥彰）。最后，也是最重要的，我会检查是否完全将便便冲干净了。那天我飞快地跑到卫生间（这样就可以快点回来，让别人感觉我只是去上小号），出色地完成了任务。我的便便非常完美，就是教科书上那种标准的、直直的、完整的大便。我很高兴，因为这次便便的时间恰到好处，我可以在不被任何人注意的情况下赶回教室。我按下

冲水按钮，站在一旁看着，准备对完美的便便说再见……可是没有动静，除了有一点水流到马桶里之外，什么都没发生。没冲下去！我的心跳加快了。好吧，再多来点水也许有帮助。我再次按下冲水按钮，并且按住不放。随着越来越多的水流进马桶，我的便便慢慢地浮起来了。我惊恐万分，赶快松开按钮，但水还是继续流进马桶。不一会儿，马桶里盛满了水，便便还轻轻漂浮在水面上，似乎在冲我微笑。

我的老天哪！

这个卫生间只有一个马桶，下一个来上厕所的人一定会知道这是我干的。我不敢冒险再冲一次水，那样水一定会漫出来。我唯一的选择是把便便处理掉。

我环顾四周，看看能有什么办法。空气清新剂？喷一喷，能把便便溶解掉吗？我能直接用手把便便塞进下水道吗？或者用卫生纸筒？或者把它捞起来？

啊！！

塑料袋？对，杂物箱里有塑料袋。行，这个可以用。我拿到了塑料袋。然后呢？把便便放进袋子里？接下来呢？我不能把它放回杂物箱，当然也不能把它带回教室……对了，放废弃卫生纸的垃圾箱，它有一个单向开合的盖子。就这么办吧！用塑料袋把便便捞起来，还要系紧袋口，避免臭味散出来，然后将它扔进垃圾箱。我不得不把两只手用塑料袋包了起来，然后伸进马桶将便便捞起来！马桶里还是装满了水，但是我顾不了那么多了。我的"特殊包裹"被处理得完全不露痕迹。我将手洗了不下20遍，又喷了点空气清新剂，然后逃回教室。

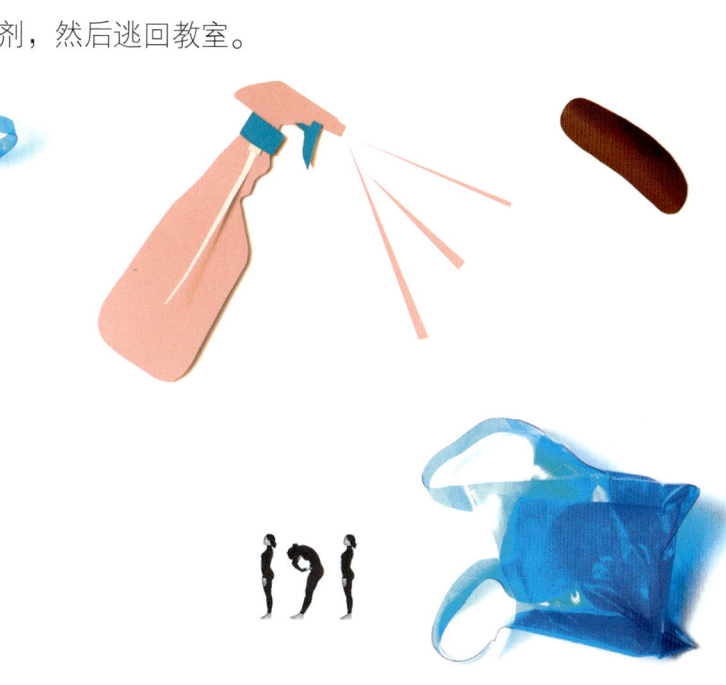

44

女孩和男孩

小时候,弟弟们对穿裙子的热爱程度远胜于我。对我的家人来说,这没什么可大惊小怪的,小孩子嘛,这样多可爱啊。而我却觉得当个假小子特别酷,坚强又充满力量,这就是我想要成为的样子,所以我总是一身中性打扮。每个人都是与众不同的,而且,对很多人来说,旁人觉得他们应该成为的那种样子根本不适合他们。只要不会伤害他人,他们想要做自己的想法无可厚非。我觉得,你完全可以穿你想穿的衣服,做你想做的事情(当然,要合法),爱你想爱的人。

在成长的路上,你看过的几乎所有电影和电视节目,还有你读过的书,大概都多多少少涉及爱情。而且,几乎总是一个男孩爱上一个女孩,或者一个女孩爱上一个男孩。但其实并非人人如此，有极少数的人例外。有的男孩喜欢男孩，有的女孩喜欢女孩。有的男孩觉得自己本应该是女孩，却误入了男孩的身体。有的女孩觉得自己本该是男孩，却长了女儿身。现实情况就是这么复杂。最终，一个人总是会爱上另一个人的，不论什么性别。幸运的是，在你生活的这个时代，这一切都已经得到了一定程度的接纳。我们已经有了更多的自由，可以成为自己想要成为的人。所以，不管你的朋友对你说什么，不管你的父母对你有什么期望，也不管你对自己有什么期望，你最终会明白你是谁。不要有压力，你有充足的时间去发现自我，这个过程本身也充满乐趣。

45

时尚vs风格

· · · · ·

没错，"时尚"与"风格"是两件完全不同的事。一旦你理解了两者的区别，就会感觉自由很多。时尚差不多就是你在商店橱窗里看到的那些，或是购物中心的姑娘们身上穿着的那些。时尚总在变化。上周的热门单品可能这周忽然就半价了，被认为完全过时了。而风格是恒久的，它意味着穿适合自己的、自己喜欢的衣服。

时尚转瞬即逝，它只能带给你短暂的满足，如果你总想追赶时尚，不但花费不菲，还会徒增烦恼。因为你得不停地买新衣服才能跟上潮流，而几个星期或几个月后，你就不肯再穿它们了。告诉你一个窍门：把适合自己的衣服与正在流行的衣服混搭起来，然后逐渐找到自己真正的风格。风格可以伴你一生，只跟随你的心情而改变。

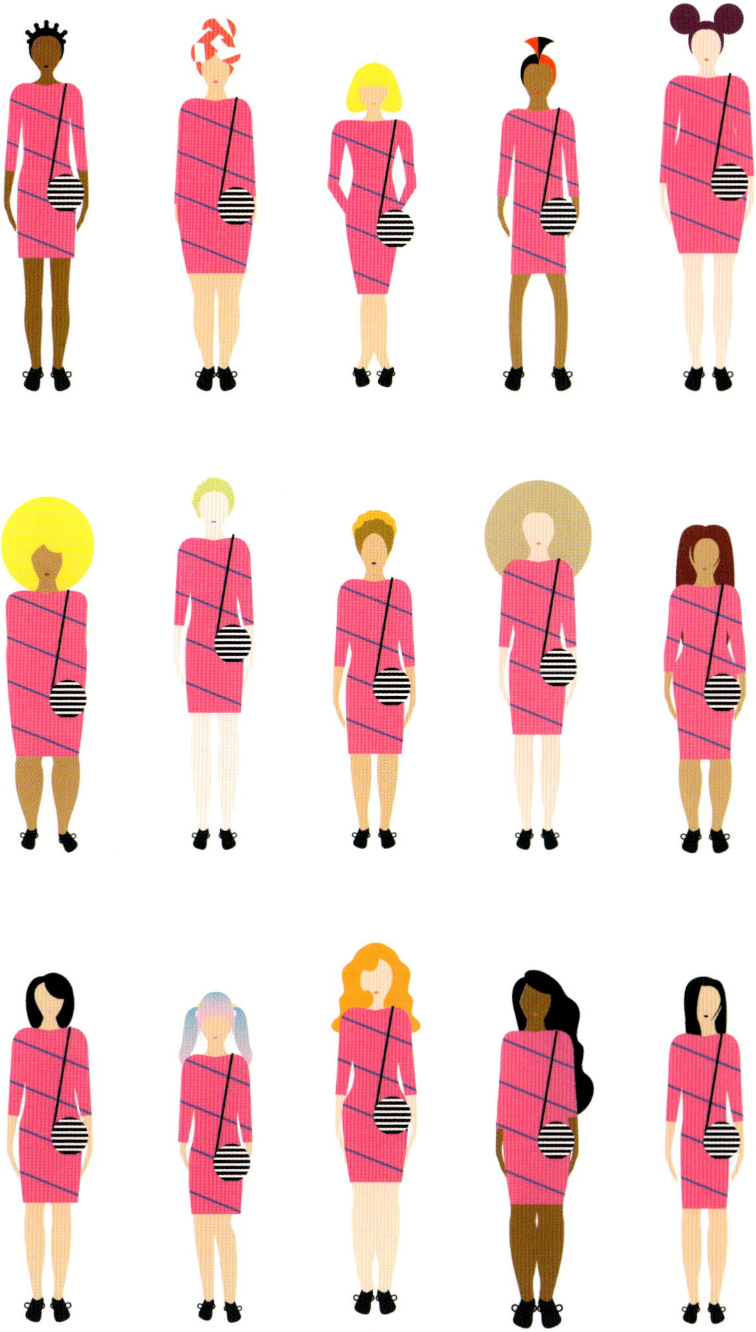

你可以通过各种途径来为自己的风格寻找灵感——老照片、杂志、网络、二手商店，以及各种各样的市场，它们都能为你的新装扮带来好点子。你可以先在安全的地方（比如自己的卧室）试一试，然后再展示给大家。有人找到了喜欢的风格，就会终生不变；也有人愿意多些尝试，他们会变换多种服装、发型和配饰。有时候，和朋友们打扮成同样的风格会让你有归属感。

　　风格还与你听什么类型的音乐有关，同时还有其他很多东西能带给你穿搭的灵感。你的风格，就像你文胸的尺码一样，可能会随时间的推移而发生很大改变。就我自己而言，我就经历过一些不同风格的时期：非洲风格、类哥特风格、锐舞风格、嘻哈风格。尽情尝试各种新鲜的装扮吧，当你找到自己热爱的风格时，你会觉得非常自在和自信，这种感觉反过来又会让你更加容光焕发。自信永远都是你的最佳造型。去尝试吧，去寻找吧，别忘了，你只有这一次生命！

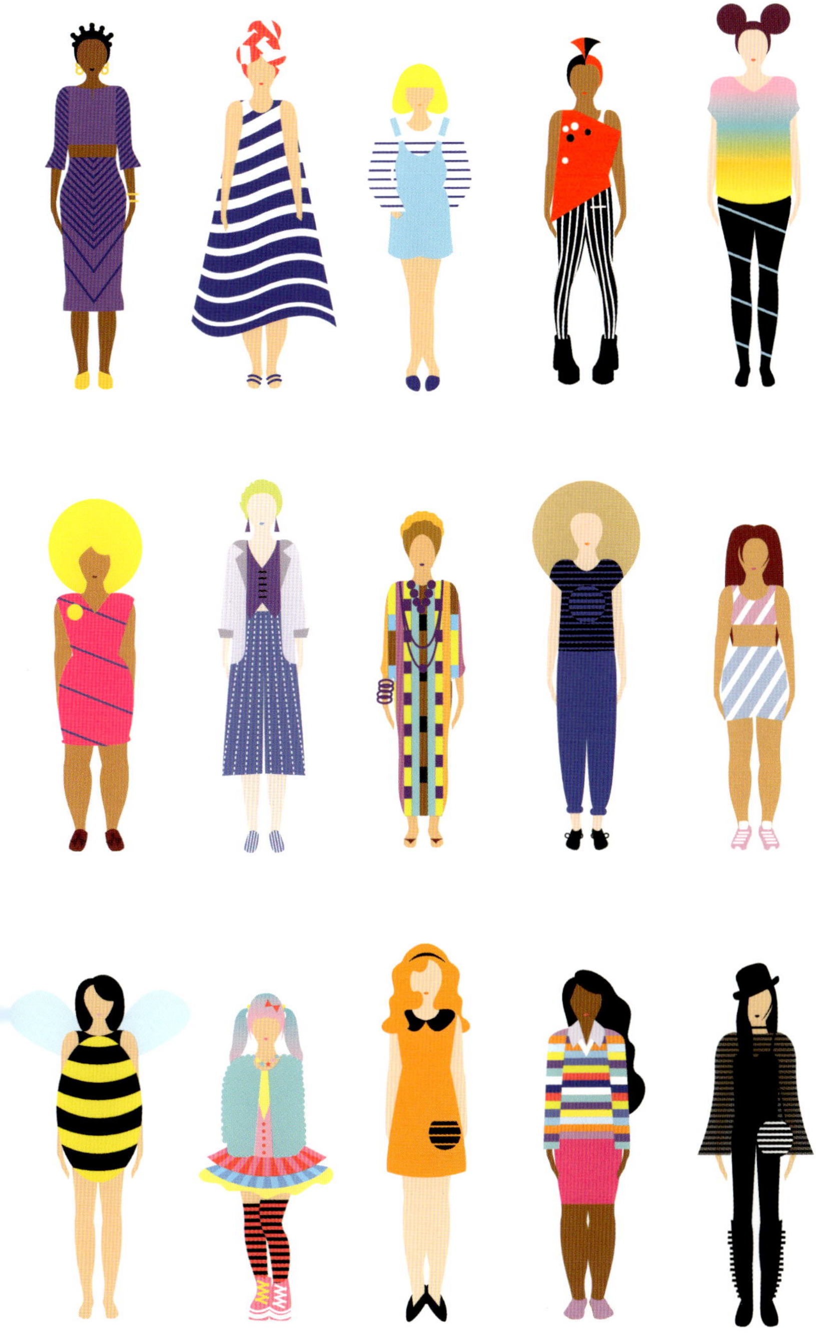

46
念珠菌性阴道炎

"哎呀！我穿内裤的部位感觉好像着火了一样，真想一屁股坐到一碗酸奶里！"

念珠菌性阴道炎是一种真菌感染。当生活在你阴道中的一种称为念珠菌的真菌大量繁殖时，你的身体就会出现一系列非常恼人的症状，这就是念珠菌性阴道炎。

念珠菌为什么会疯狂繁殖呢？压力太大、内裤太紧、饮食变化、来月经时体内的激素水平变化，还有在月经末期，阴道已经变得干燥时使用卫生棉条……所有这些因素都可能导致这种真菌过量繁殖，引发阴道炎。

通常情况下，如果得了这种阴道炎，就会出现以下一种或者几种症状：出现豆腐渣或者凝乳一样的白带，外阴部分发红或者肿胀。这种情况

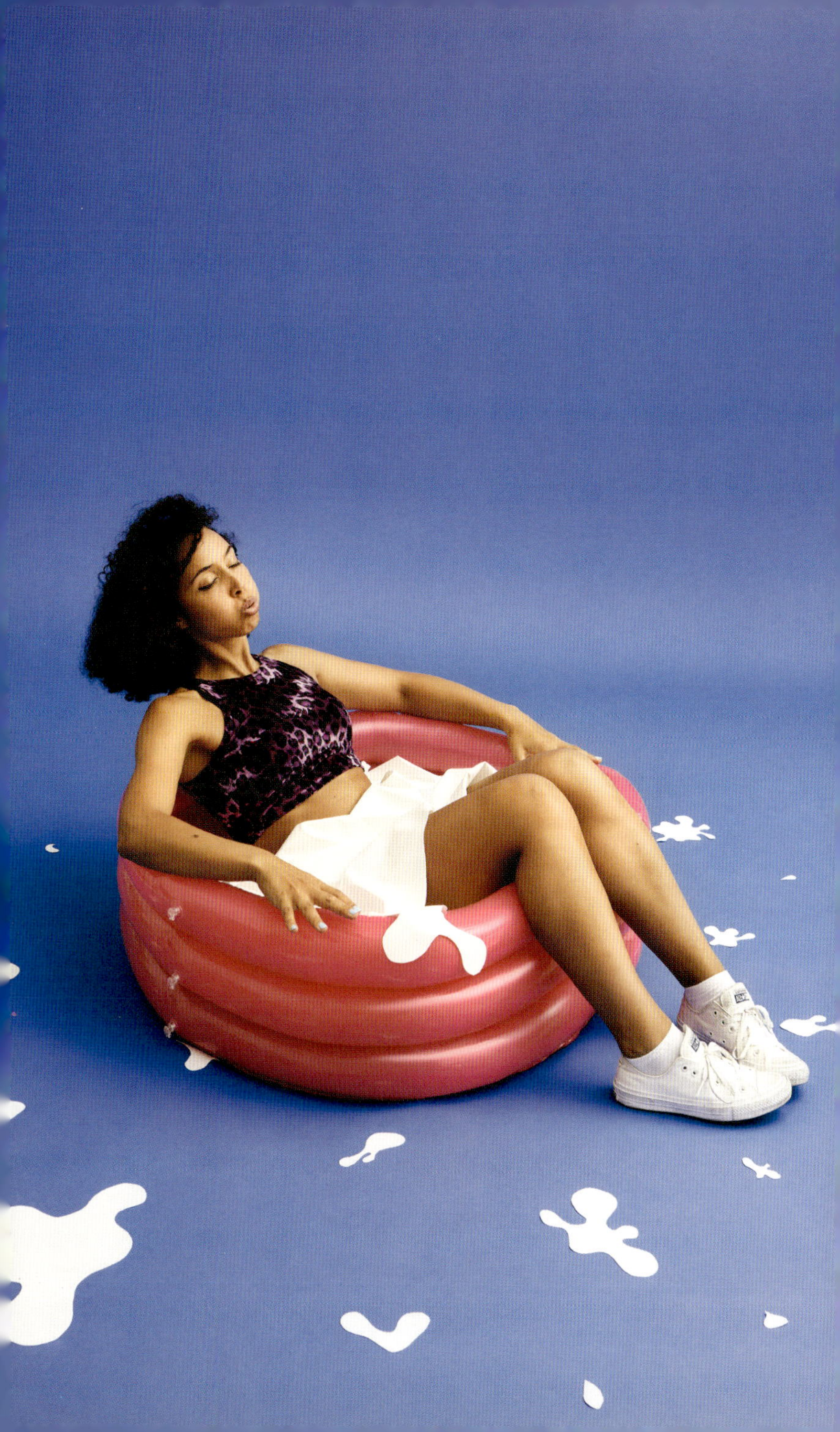

肯定会让你很郁闷。但它并不会持续太长时间，而且通常治疗起来并不困难。几乎所有的女人都会遭遇真菌感染。对有些人来说，这只是偶尔发生的状况，而在另一些人身上却会反复发生，我就属于后者。多年来，我的阴道炎反复发作，我都快疯了。我尝试过各种各样的方法，却始终无法根治，它让我非常烦恼。不过，我也因此积累了很多非常不错的防治阴道炎的经验，可以供你参考。

不要担心。念珠菌性阴道炎很常见，几乎所有人都会得。

要去看医生，尤其是当你第一次遇到这种问题时，一定要去医生那里明确诊断。

不要穿那种光亮的、人造材质的内裤或紧身裤。这类材质的衣物不透气,也不利于散热,因此很容易形成利于病菌生长的环境。

要选择舒服的棉质内裤,让你的皮肤可以通畅地呼吸。如果你容易长湿疹,也可以选择那种适合过敏人士的特殊的真丝材质内衣。

不要使用带香味的肥皂和阴部清洗剂(无论如何都不要用这类产品),也不要用湿纸巾擦拭阴部,那样会刺激皮肤。

要保持阴部清洁。每天用清水从前往后清洗。

当然不能靠坐在一碗酸奶里来缓解症状,不过吃点酸奶的确能舒服一些,会有一丝清凉的感觉。

求助医生,请他们为你开点口服药,或者外用药膏。

47

小便灼痛

    小时候，有一次我光着身子在田地里奔跑，结果有一根小小的、可能是稻草之类的东西扎进了我小便的洞洞里。我当时一点也没察觉，直到去尿尿的时候，才感觉到一种灼烧般的疼痛。为此，我整整两天不肯上厕所，直到妈妈带我去医院，医生设法把那个东西取了出来。长大之后，我得过尿道炎，那种灼烧般的感觉跟小时候遭遇的那种疼痛非常像。尿道炎是因为有细菌进入了尿道中。我们之所以要从前往后清洁阴部，主要就是为了避免细菌感染。尿道炎还有可能由别的因素导致，比如牛仔裤太紧了，内裤不是棉质的等。如果得了尿道炎，你会总想要去小便，而且每次去的时候都会有灼烧般的疼痛，有时候还会发现小便带血。这会让你特别抗拒小便。但是，

小便特别重要。你得多喝水,多小便,这样才有助于清除那些病菌。如果情况严重,你可能就得去看医生,吃抗生素了。☹

48

控制自己

做到这一点并不难——你只需要学会说"不"！也许你会觉得这个回答太没创意了。是的，涉及违禁药物问题，我就是这么没创意，永远都是这一句：没兴趣！我要做自己身体的主人。当我的一些朋友开始吸烟或服用违禁药物时，我还是会和他们一起玩。但我看到违禁药物让他们不再生机勃勃，变得阴郁怪异，这让我对违禁药物更加退避三舍。有些人很容易被违禁药物新奇的外表或者刺激的感觉所吸引，而

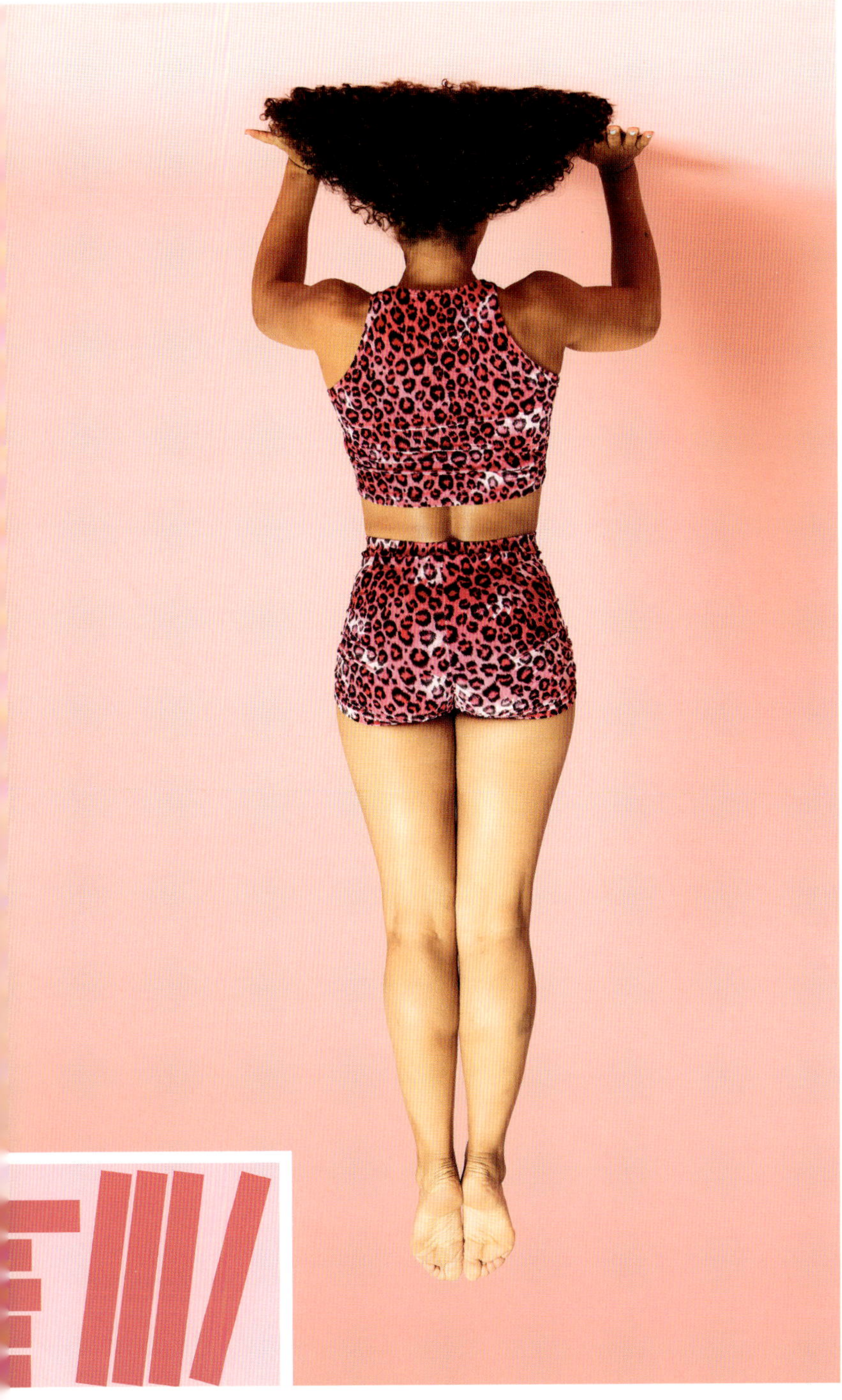

做出错误的决定。违禁药物会对你的精神和身体健康造成极其严重的伤害，所以，如果你想照顾好自己，就不要因为任何人的压力而做自己不愿意做的事。这说起来容易，做起来很难。但是你一定要提前想好自己想要什么，并且坚持到底。如果有人因此对你妄加指责，让你感觉不舒服，要记住那是他们的错，这样的人不是你真正的朋友。当我坚持说了大概20次"不"之后，我的朋友们就不再劝我了。但我们还能友好地相处，一起分享蓝莓和香蕉薄饼。

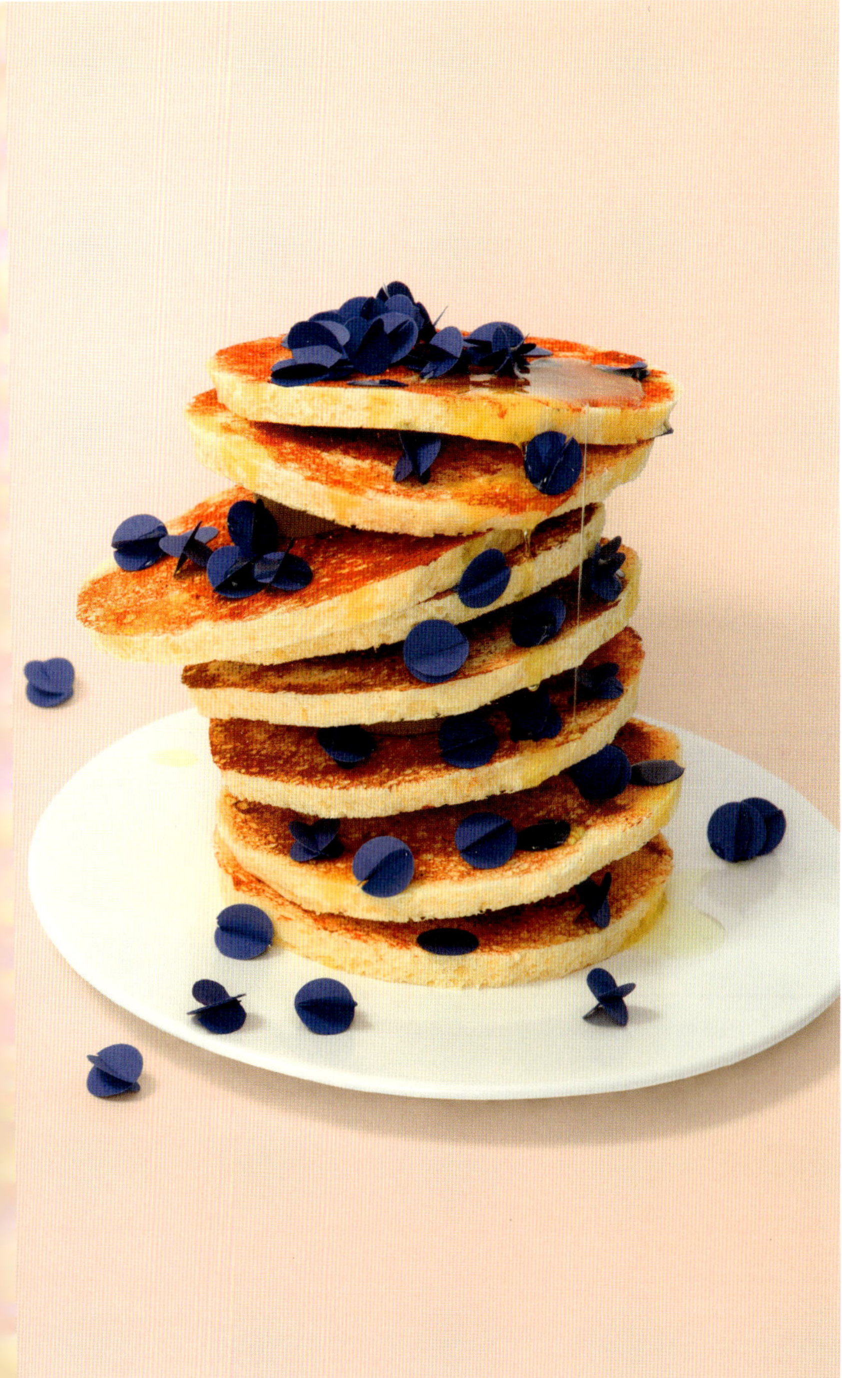

49
最后的小建议

我想告诉你的事还有很多很多，但是一本书的篇幅有限。所以，我把能想到的其他各种小建议都列在下面了：

尝试一下那种可以内置卫生巾的
生理裤。特别好用！你上网搜一搜，
可以查到很多品牌。

给未来的自己写一封信。你可以
写给16岁的自己，或者21岁的自己。
写写你认为自己到那个年龄时会做什么事，
这会很有趣。等到将来你拆开这封信看到
自己的变化时，那种感觉更奇妙！

试试我的"能量球"食谱：把枣、
椰子、可可粉和蔓越莓用搅拌器拌匀，
然后把混合物捏成一个个小球，再分别蘸上椰蓉。
"能量球"的做法特别简单，口感超棒，而且会让你充满能量。
周末做好放进冰箱里，就可以享用一周啦。

推荐你去了解美国芭蕾舞剧团的
独舞演员米斯蒂·科普兰的故事。
她的经历令人惊叹，会给你很多启发。

隔一段时间要更换护发素的品牌，
不要一直用一个牌子。我每隔几个月会换
一种护发素，这会让我的头发状态更好。

———

仰头向上看，有时会有让人惊喜的发现，
比如一栋很棒的建筑、一本漂亮的书，
或者一块以前从未注意过的标志牌。

———

对镜子中的自己微笑。这是我以前练瑜伽
时老师的要求。刚开始我觉得这样做好别扭，
但还是照做了，没想到真的会因此感到快乐
（不过这也许是因为我觉得瑜伽课终于结束了，
可以去买牛角面包吃啦）。

———

没有金属装饰的束发带对头发
更好，而且不容易断。

———

建议读读多迪·史密斯的小说
《我的秘密城堡》，那是一本特别棒的书！

———

多喝水，有利于体内的有害物质排出体外。
通常我起床后会先喝两杯水。

———

试试用半个牛油果加柠檬一起吃，
或者切得很薄的西红柿片配奶酪和吐司片一起吃。

———

试试看一眼某人的脸，
不要抬头，一笔把他画下来。
你可能会创作出一幅杰作哦。

———

给大家写明信片，收到明信片的时候，他们肯定特别开心。

THE EFFEC WAY TO IS TO

最高效的做事方式就是马上就做。
—— Amelia Earhart（阿梅莉亚·埃尔哈特，美国女飞行员和女权运动者）

50

无论发生什么事，请记得

· · · · ·

一切都会好起来的！真的。

成长的过程充满变化，信息量超大。事事都是你不曾熟悉、从未尝试过的，而且没有先例可循，但事事都有"第一次"，这是无法避免的。你希望第一次就能做得很好，我也想这样，但多数时候这是不可能的。你努力想避免月经侧漏，想远离喜怒无常的朋友，想少摄入一些糖分，但是，多数时候你做不到。和这个地球上经历过你这个年龄的所有女人一样，你迟早会遭遇月经突然到来的恐慌；难免会遇到难缠的朋友，让你害怕第二天的到来；你也会摄入太多糖分而发胖。但这些都没什么，相信我！这些事女孩们都遇到过，也都熬过来了。即便发生了最糟糕、最尴尬的事，即便你当时觉得"我完了"，都没什么！我保证，那些尴尬的瞬间终将成为有趣的回忆。

我也曾有过"一切都完了"的感觉，然而并不是这样。宇宙那么大！世界那么大！不要想太多，我们应该利用好周遭的一切资源。写一张长长的清单，把所有伟大的梦想都记下来，包括那些你觉得不可能实现的梦想。有很多事我想做，但不好意思说出口。不过我还是继续努力，最终将梦想变成现实。相信自己！你就是自己最好的朋友。鞭策自己，就一定能到达目的地。

我一直记得小时候爸爸常对我说的话：要让这个世界因为我们而变得更好。当一天结束时，无论你在做什么，也请把这个念头放在心中。我从不敢忘，也时常扪心自问："我正在做的，是有意义的事吗？"这并不意味着你得立刻放下一切，去做义工。

不过，如果做义工正是你的梦想，请给自己

点个赞！有意义的事可以是简单的小事，比如帮助朋友和家人，比如照顾好自己，不要给别人增加麻烦，或者是成为一个强大可靠的人。

亲爱的，你还有大把的时间，整个世界都在等着你！出发吧，你可以创造奇迹！我写在这本书里的每一件事，都是我像你这么大的时候想知道的事。我希望这本书能给你一些好建议，帮助你在身体发生变化时更好地了解自己。不过，这都得你说了算。你可以听从这些建议，也可以置之不理，或者不妨先试试看。你想怎样都可以！你的身体是百分百属于你的，而且，"她"非常了不起！

出发吧，亲爱的！

在地球某处见！

爱你们的玛拉瓦

外婆出生 拼爷爷出生

玛拉瓦说

　　谢谢你，斯特拉！谢谢你那些令人愉快的建议和鼓舞人心的邮件。我原以为编辑工作就像看牙医一样艰难，但你把它变得像溜冰一样舒畅。还有你，西内姆！你是个传奇，没人比得上你。当我第一次在雷切尔那里看到你的作品时，我就知道你是这个项目的不二人选。谢谢你把自己的床借出来拍摄那张有无数气球的照片，谢谢你为这本书的视觉元素所做的出色沟通。乔·杜克，我永远爱你。你知道的，你无可替代。

　　玛约斯、罗莎、马兹、雷切尔、克莱尔，还有奥比，谢谢你们为这本书所做的一切！你们太棒了！因为你们的邮件以及不断的鼓励，我才下决心做这本书。最后，还要感谢我的妈妈。她就是真人版的"女孩指南"，在我成长的过程中，她不断给我安慰、支持，以及很多有关健康的建议。真不知道我怎么如此幸运，拥有世界上最棒的妈妈。对此，我心怀感激。谢谢你，是你让我始终相信，凡事皆有可能。

西内姆说

献给：

蒂仁和内西，她们是我见过极富灵感的、最无私的女性。塞纳，她是一个非常坚强的女孩，外表和内心一样美丽。塞玛，她永远面带微笑，就像一缕阳光。露西娅和威洛，这本书是给她们的10岁生日礼物。耶马，是她想到了用纸来代替毛发的创意。洛拉，她永远都支持女孩们。马德琳，她用自己的智慧帮助我度过了在女子学校的那些日子。埃拉，她可能会觉得这本书的某些章节特别逗。雷切尔，我们的出版人；斯特拉，非常能干的编辑。没有她们坚定不移的付出和努力，就不会有这本书。克里斯，她协助完成了书中的很多纸艺模型。乔，她采纳了我的想法。她为玛拉瓦拍摄的那些照片，将我的草图变成了现实。当然，还有玛拉瓦！她是一颗闪耀的明星，永远精力充沛，和她一起工作愉快极了！

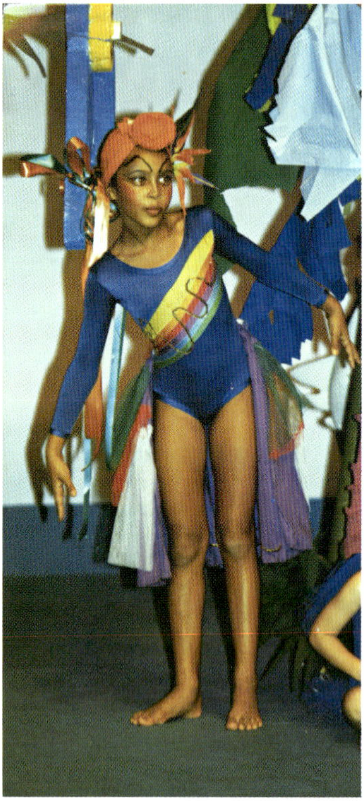

图书在版编目（CIP）数据

女孩指南：动感青春期50课 /（英）玛拉瓦·易卜拉欣文；（英）西内姆·埃尔卡什图；钟煜译. -- 兰州：甘肃少年儿童出版社，2019.2（2022.4重印）

ISBN 978-7-5422-5178-7

Ⅰ. ①女… Ⅱ. ①玛… ②西… ③钟… Ⅲ. ①女性－青春期－健康教育 Ⅳ. ①G479

中国版本图书馆CIP数据核字(2018)第267703号

甘肃省版权局著作权合同登记号：甘字 26-2018-0047号

Text copyright © Marawa Ibrahim 2017
Illustrations copyright © Sinem Erkas 2017

Original title: The Girl Guide
First published in the UK in 2017 by Frances
Lincoln Children's Books.
an imprint of The Quarto Group
The Old Brewery
6 Blundell Street
London N7 9BH
QuartoKnows.com
Simplified Chinese Edition © 2019 by Ronshin
Group
All rights reserved.

女孩指南 动感青春期50课

[英]玛拉瓦·易卜拉欣 文　[英]西内姆·埃尔卡什 图　钟煜 译

图书策划 孙肇志　　　　**图书顾问** 袁秋乡
责任编辑 时　岫　　　　**特约编辑** 张红艳　祝鸿洁
美术设计 杨晓庆
出版发行 甘肃少年儿童出版社
地址 兰州市读者大道568号
印刷 鹤山雅图仕印刷有限公司
开本 889mm×1194mm 1/32　**印张** 7.125
版次 2019年3月第1版
印次 2022年4月第6次印刷
书号 ISBN 978-7-5422-5178-7
定价 69.80元

出品策划 荣信教育文化产业发展股份有限公司
网址 www.lelequ.com　**电话** 400-848-8788
乐乐趣品牌归荣信教育文化产业发展股份有限公司独家拥有
版权所有　翻印必究

关于这本书

玛拉瓦和西内姆在伦敦相识,她们一起共度了早餐时光。

玛拉瓦用了2分26秒才走完第120~121页上的迷宫。

第142~143页上的果冻,做了5次才成功。

为了拍摄第150~151页那张臀峰的照片,玛拉瓦和团队的姑娘们勇敢地展现了她们的身体。照片上迷人的夕阳色彩是西内姆手绘的。

为了遮盖玛拉瓦脸上的斑点,在第22~23页,一共用了72只假眼睛(还有一只塞在她的鼻孔里。呃,恶心)。

试装都是在玛拉瓦的卧室和呼啦圈市场完成的。

所有的纸质文胸都是按真人尺码做

西内姆和玛拉瓦在伦敦的许多餐厅一起讨论这本书的内容安排,包括介绍阴部的那几章。

在伦敦的俄国俱乐部拍照时,玛拉瓦打碎了一面立式穿衣镜。

这本书做到一半的时候,玛拉瓦剃光了自己的头发。于是我们决定仿照她10岁时的照片,重新为她拍摄一张介绍照片。

在构思《冥想》那一章时,西内姆为了尝试那个飘浮动作,摔了一跤,磕青了胳膊。幸运的是,玛拉瓦毫发未伤,因为她受过专业的马戏表演训练(见第174~175页)。

西内姆为玛拉瓦布置了家庭作业：连续两周，每天练习用身体模仿各种字母。后来这些练习成了玛拉瓦每天早晨的常规瑜伽练习。

为了制作书中所有的纸艺模型，西内姆用了近30米长的纸、两卷电工胶布、两卷纸胶带、两卷双面胶、若干胶水、约4米长的卡纸。整个过程中，她共喝掉了240杯咖啡。

第65页上的紫色毛发是用紫色的亮光纸做的。

玛拉瓦在一天之内用自己的身体呈现了156个字母和30个数字。

在玛拉瓦等出租车时，她负责保管的存放大"眼球"的盒子被风吹开了。她跑了好长一段路才把这些西内姆花了5个小时才做好的大"眼球"追回来。这件事，直到拍摄完成后她才告诉大家。（见第11页）

的，但穿起来可不怎么舒服。

第199页的酸奶是用白色PVC做成的。

为了拍摄第35页的气球照片，西内姆的卧室摆满了气球，以至于那晚她不得不放弃睡自己的床。

玛拉瓦喜欢旅行，常常往来于英国、美国、法国、墨西哥、西班牙之间，她还去了古巴和夏威夷。于是，我们经常通过电子邮件"召开会议"。

第207页的薄饼和糖浆是用海绵和洗涤剂做的。

在实际拍摄第52~53页时，那些纸艺外阴造型图都是A4纸大小。拍摄完成后，到处都是那些纸质毛发，好几天都没清理干净。

在为第21页的照片安排那些小纸片的位置时，西内姆打了个喷嚏，把纸片吹乱了，结果它们反而呈现出比她之前的安排更为理想的图案。

玛拉瓦打破了多项世界纪录！

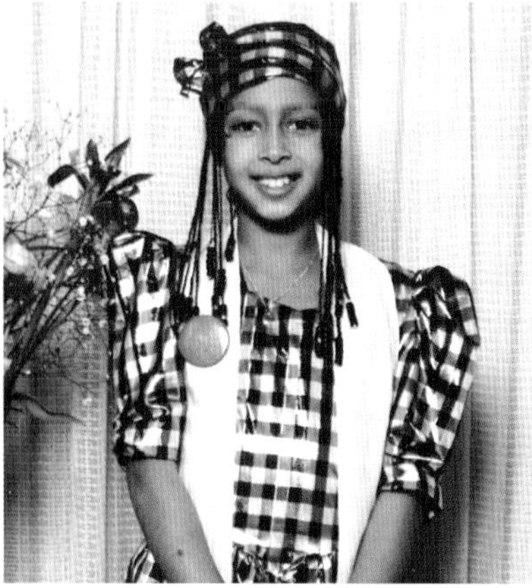
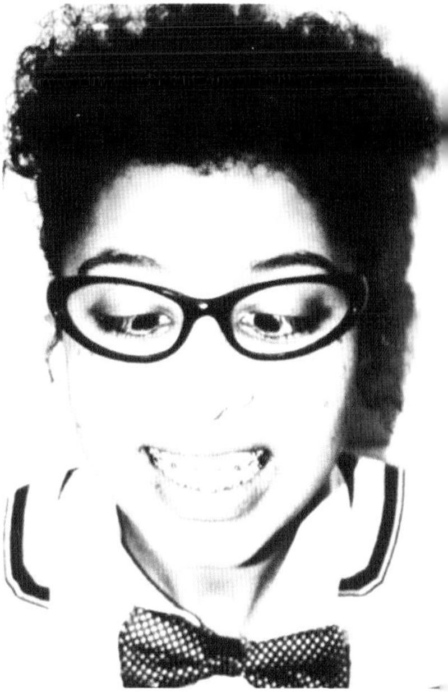
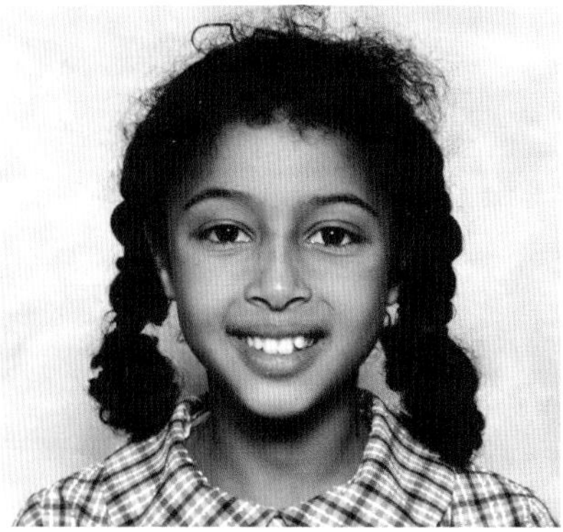
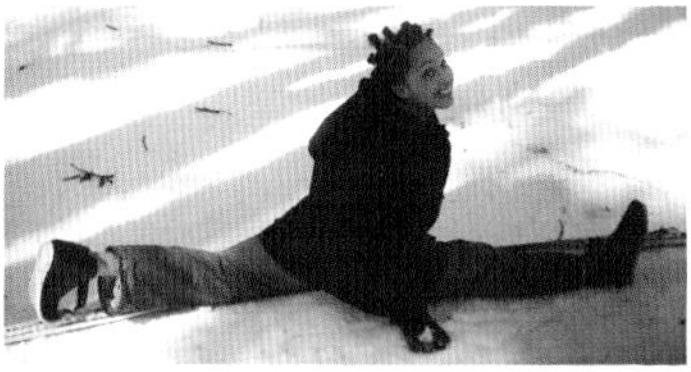
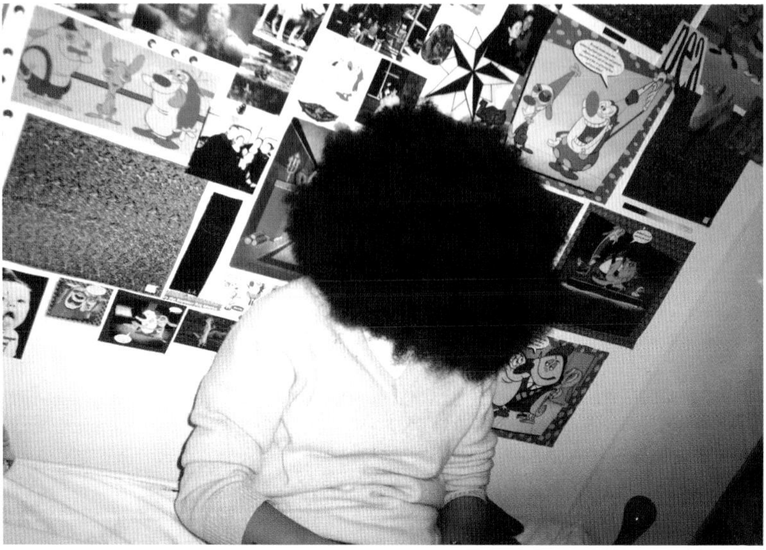

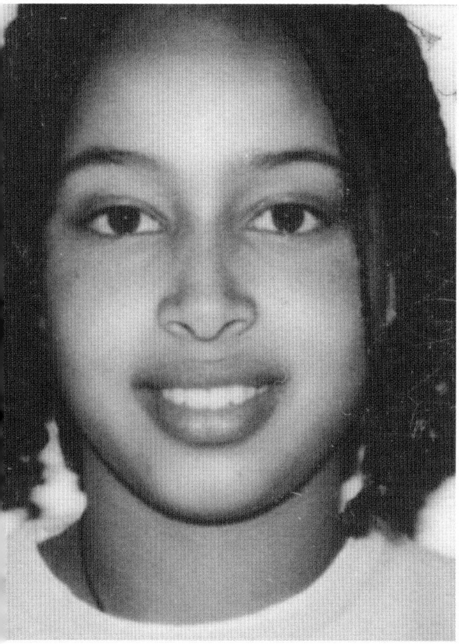
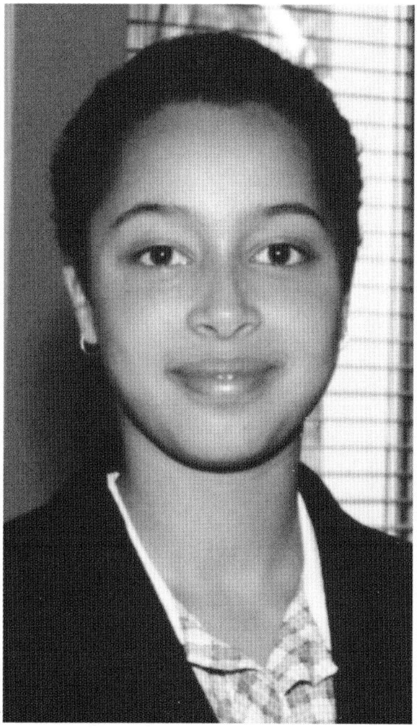
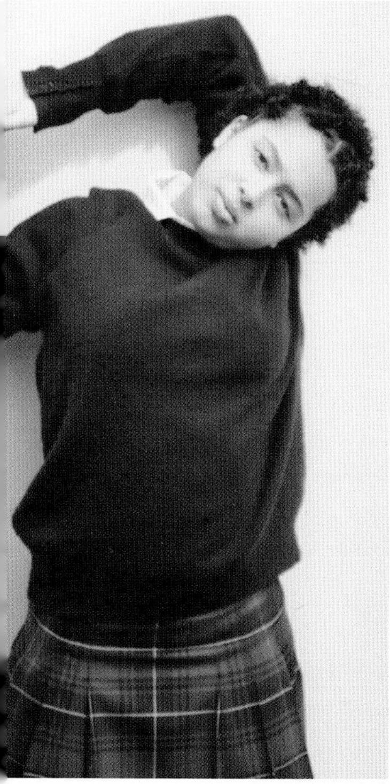
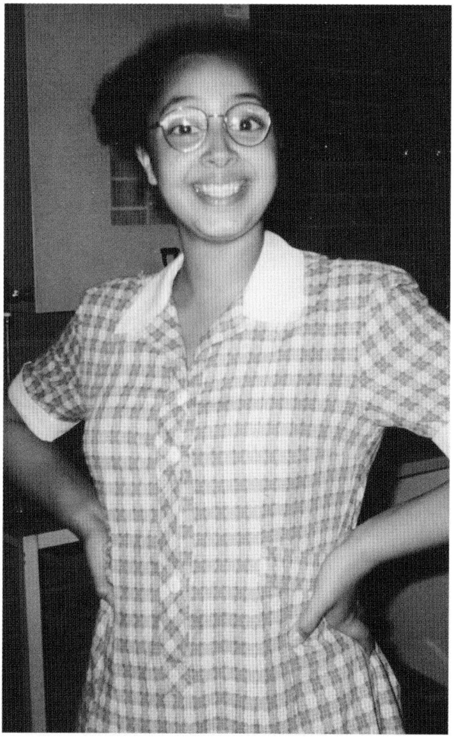